Jürg Jegge   Angst macht krumm

D1704173

ZYTABU Nr. 10

Gesamtauflage: 49 Tsd.

Lektorat: Willi Schmid
Umschlagkonzept: Werner Jeker
Umschlagzeichnung: Werner Maurer
Gesamtherstellung: Ebner Ulm
ISBN 3 7296 0392 2

Zytglogge Verlag Bern, Eigerweg 16, CH-3973 Gümligen
Zytglogge Verlag Bonn, Cäsariusstraße 18, D-5300 Bonn 2
Zytglogge Verlag Wien, Strozzigasse 14-16, A-1080 Wien

Jürg Jegge

Angst macht krumm

Erziehen
oder Zahnrädchenschleifen

Zytglogge

Was ein Häkchen werden will, krümmt sich beizeiten.

Krümmt — das ist gerade das bezeichnende Wort. Gekrümmt nach dem alten Ideal der Selbstauslöschung, der Demut und des Gehorsams! Aber das neue Ideal ist, dass der Mensch gerade und aufrecht dastehe, folglich gar nicht gebogen, nur gestützt werde, damit er nicht aus Schwäche verkrümme.

Ellen Key, um 1900

Herr Jegge,

ich habe nicht im Sinne, Ihnen einen «ausgefeilten» Brief zu schreiben, sondern gerade so, wie ich denke und fühle.

Ja, warum ich Ihnen schreibe: Ich habe «Dummheit ist lernbar» mit grossem Interesse gelesen. So vieles habe ich wieder erlebt, was mir selbst passiert ist in meiner Kindheit. Zwischendurch musste ich das Buch immer wieder für einige Tage weglegen, weil es mich zu stark beschäftigte.

Ich kenne im Grunde genommen nur sehr wenige Menschen, die so wie Sie denken.

Meine Tante und mein Onkel, die eine ähnliche Einstellung haben, haben mir schon viel damit helfen können. Einfach das Wissen, dass es in dieser Gesellschaft auch noch «andere» Menschen gibt.

Durch meine Erziehung war ich absolut unkritisch und kam daher in eine ziemlich schwierige Situation, aus der ich mich nur langsam wieder hinausarbeiten konnte, und ohne Hilfe meiner Verwandten hätte es nicht geklappt.

Ich bin mir klar geworden, dass durch meine Erziehung zur totalen Unselbständigkeit ich alle andern über mich stellte. Auch meinem Bruder geht es so. Wir neigen sehr schnell dazu zu sagen: «Das kann ich doch nicht.»

Nie konnte ich mich eigentlich entfalten. Ich wurde so richtig «abgewürgt». Und dass kein Kind sich entfalten kann, das immer nur Angst aussteht, brauche ich Ihnen wohl am allerwenigsten zu sagen.

Da mich mein Beruf als Telefonistin, den ich schon seit zehn Jahren ausübe, nicht mehr befriedigt, möchte ich gerne etwas anderes tun.

Manchmal habe ich den Eindruck, dass ich es im Geschäft mehr mit seelenlosen Automaten zu tun habe als mit lebenden Menschen.

Und dieser Leistungsdruck, und die giftigen, gehässigen Umgangsformen! In diesem Beruf bekomme ich das natürlich erst recht zu spüren. Da man ja die «Telefongumsle» nicht sieht, kann man sie auch wie einen Blitzableiter behandeln.

Wenn dann einmal jemand zu uns ins Büro kommt, um ein wenig zu plaudern, gibt es meistens nur ein Thema: Sex. Und wie da vulgär gesprochen wird! Na ja, sehr wahrscheinlich sind diese Leute eben – angepasst. Und wenn man das nicht ist, gilt man als schwierig und eigenbrötlerisch.

Diese engen, bürgerlichen Grenzen passen mir einfach nicht. Schlicht gesagt, es ist eine andere Ebene, eine andere Seite, die ich suche. Ich kann und will mich der jetzigen nicht anpassen. Würden Sie sagen, dass es irgendeine Möglichkeit gäbe für mich?

Ein klein wenig hab' ich schon noch Angst vor der Zukunft, vor allem, weil es das erste Mal ist, dass ich selbst einen Schritt unternehme und von gar niemandem abhängig bin oder beeinflusst wurde. In alle andern Situationen bin ich nämlich hineingedrängt worden: Friss oder stirb. Aber im grossen ganzen sehe ich es positiv, und das ist gut so.

Es grüsst Sie freundlich　　　　　　　　　*Annemarie*

Liebe Annemarie,

Du bist nicht die einzige, die mir einen solchen Brief geschrieben hat. Ich erhalte fast jede zweite Woche einen. Und immer steht ungefähr dasselbe drin: «Was Du von Deinen Schülern berichtest, habe ich auch erlebt. Aber was soll ich jetzt tun?»

Ein Herr Doktor aus dem Aargau z.B.: «Vielleicht wird es Sie überraschen, dass meine Erfahrungen mit der Schule – trotz Matura und Universitätsabschluss und trotz Erfolg – weitgehend dem entsprechen, was Sie beschrieben haben. Repressalien der Schule, verbunden mit weitgehendem Unverständnis der Lehrer, Ärzte und Mitschüler sowie Vertrauensverlust zu den Eltern haben auch mich um ein Haar in den Selbstmord getrieben.»

Oder Elisabeth aus Österreich:
«Bisher habe ich immer das gemacht, was andere wollten. Meine Eltern sagen auch öfters, dass sie mit mir nie Schwierigkeiten gehabt haben. Aggressionen habe ich kaum. Nur manchmal werde ich ärgerlich, wenn ich das Gefühl habe, dass mir meine Eltern zuwenig erlauben.

Nun weiss ich auch, weshalb ich in der Schule immer so brav gelernt habe – damit ich Anerkennung erhalte und mich Lehrer und Eltern mögen.

Ich ging z.B. nie skifahren; nur wegen des Lernens. Meine Eltern sagten nämlich: «Hast du nichts Besseres zu tun?» Aus demselben Grund durfte ich kein Instrument spielen lernen. Warum ich schon als Schulkind nie gezeichnet oder gebastelt habe, weiss ich nicht. Nun fühle ich mich minderwertig, weil doch die meisten auf irgendeinem Gebiet eine Begabung haben.

9

Ich kenne dieses Angsthaben. Ich habe oft Angst gehabt vor dem Ausgelachtwerden. Ich habe auch bei Diskussionen keine eigene Meinung. Mir fehlt es an Spontaneität. Ich kann nicht aus mir heraus. Vielleicht deshalb, weil ich früher so oft meine Gefühle unterdrückt habe.»

Es ist klar: Das, was Ihr beschreibt, darunter leiden unzählige Menschen. Sicher viel mehr als man denkt. Mir ist klar geworden: Wenn ich von meinen einsamen, blossgestellten, geschundenen «dummen» Schülern spreche, spreche ich zugleich von unzähligen ebenso einsamen, ebenso geschundenen Menschen, die nie jemand als «dumm» bezeichnet hat, von «krummen» Menschen, die genauso leiden. Angst macht krumm. Ich habe versucht, für meine Arbeit Konsequenzen zu ziehen aus dieser Tatsache.

Aber Eure Briefe liegen auf meinem Schreibtisch, und ich gerate ins Schleudern. Ich weiss: Eigentlich müsste man sich jetzt zusammensetzen und über viele Dinge miteinander reden. Über Erfahrungen, Erlebnisse, Überlegungen, Tatsachen und Möglichkeiten. Aber das kann ich nicht tun, ich habe ja meine Arbeit. Eine Arbeit, die mich oft recht belastet. Und nur einfach nette, tröstende Brieflein schreiben mag ich nicht.

Doch eines will ich jetzt tun: Ich will das darzustellen versuchen, was uns gemeinsam angeht, die «andere Seite», wie Du das nennst. Ich will versuchen, das so unkompliziert wie möglich zu machen. Ich will von meinen Überlegungen, von meinen Erlebnissen und Erfahrungen berichten; von dem, was ich antreffe, wenn ich bei mir in Embrach vor die Haustüre trete. Aber kommt jetzt bitte nicht her und sucht das auch. Schaut Euch um in Zug, in Otelfingen, in Solothurn oder wo Ihr wohnt, ob Ihr Ähnliches nicht auch vorfindet.

Es ist kein ausgefeiltes Buch, das ich hier vorlege, sondern ein sehr unfertiges und vorläufiges. Und, so hoffe ich, ein einfaches. Wem es zu einfach ist, der muss wissen: Ich denke halt so. Ich bin mir allerdings nicht sicher, ob alle, die mit stets umwölkter Stirn in der Gegend herumrennen, wirklich so viel differenzierter sind. Schon manchen habe ich in wohlgesetzter, fremdwortschwangerer Rede unheimlichen Mist verzapfen hören.

Ich habe dieses Buch aber nicht allein geschrieben, da sind noch Briefstellen, Berichte, Tagebuchauszüge von vielen anderen, ehemaligen und jetzigen Schülern, deren Freunden, von Jungen, die mir sonst irgendwie geschrieben haben. Und die genau an denselben Problemen leiden wie Du. Ich finde es wichtig, dass Eure Stimme auch gehört wird. Gehört auch von denen, die vielleicht noch nichts gemerkt haben.

Mit vielen Grüssen   *Jürg Jegge*

Der Rohstoff Mensch

Pfungen

Zwischen Winterthur und Bülach liegt das Dorf Pfungen. Es ist kein besonderes Juwel. Aber der Dorfkern, von der Hauptstrasse her zu sehen, scheint noch ziemlich unzerstört zu sein – wenn man nicht weiss, dass dort früher ein kleines Schloss stand. Es wurde im letzten Jahrhundert abgerissen. Die Eisenbahnlinie Winterthur–Bülach hätte sonst anders geführt werden müssen, und das wäre teurer zu stehen gekommen. Also riss man das Schloss ab.

Ich berichte diese Geschichte nicht, um irgendeine Schoggitaler-Aktion anzureissen. Aber sie ist bezeichnend für die Stimmung, die im letzten Jahrhundert herrschte: «Das Eisenbahnzeitalter wird uns manche Schwierigkeit lösen helfen. Die ganze Welt (worunter man sich vor allem einmal Europa vorstellte), wird miteinander verbunden. Man wird mehr Kontakte haben, mehr wissen, offener werden für Fremdartiges. Vielleicht werden sogar Kriege unmöglich, wenn die Menschen besser miteinander auskommen.» Heute weiss man, dass die Eisenbahnen auch dazu dienten, Soldaten rascher an die Grenze zu bringen. Und dass man in Pfungen besonders weltoffen wäre, dürfte ebenfalls schwer nachzuweisen sein.

Die «Bähnlein-Gläubigkeit» unserer Vorfahren erscheint uns heute reichlich naiv. Aber der Glaube an das Eisenbahnzeitalter war ja nur Teil eines umfassenderen Glaubens, der die Leute beseelte: des Glaubens an den Fortschritt, der durch die technischen Mittel möglich ist. Man hatte gewissermassen das «industrielle Prinzip» entdeckt – das Prinzip, nach dem man ein Problem in Teilprobleme aufteilt, und diese einzeln, möglichst rationell löst. Die Fabrik ist das sprechendste Beispiel dafür. Was zu Anfang des letzten Jahrhunderts ein Handwerker herstellte, vielleicht mit einem Gesellen zusammen, wird seit Anfang dieses Jahrhunderts in weit grösserer Zahl und weit billiger in einer Fabrik produziert, von Leuten, die nur einen einzelnen Arbeitsvorgang ausführen, oft nur diesen beherrschen und sehr oft auch keine Beziehung zum gesamten Arbeitsablauf haben.[1]

Es geht uns gut

Dieses Prinzip wurde konsequent auf immer neue Probleme angewandt, die eine Gesellschaft zu lösen hat: Verkehr, Nahrungsbeschaffung und -verteilung, Gebrauchsgüterherstellung – um nur ein paar zu nennen. Es wurde auch nötig, die verschiedenen Bereiche miteinander zu verquicken. Wenn ich als Bub bei meinen Grosseltern im Glarnerland in den Ferien war, holte ich die Milch im Kesselein jeweils am Abend nach dem Melken beim Bauern. Heute fährt der Bauer die Milch zur Milchsammelstelle. Von dort wird sie nach einem bestimmten System und festem Fahrplan zur Zentralmolkerei gefahren, wo sie pasteuri-, uperi-, homogeni- oder sonst irgendwie -siert wird – das alles wieder aus ganz bestimmten, vorwiegend technischen Gründen. Nach der maschinellen Verpackung, in ebenfalls maschinell hergestellte Kartonschachteln, gelangt sie über ein ausgeklügeltes Verteilersystem, wieder nach starren Fahrplänen, schliesslich in den Supermarkt, wo ich sie zusammen mit vakuumverpackten Koteletts, Tiefkühlspinat und Büchsenpfirsichen erstehe, an der Kasse das automatische Herausgeld aus der Rinne fische, mit

---

Anm. 1:
Der Zürcher Hauptbahnhof oder die ETH sind Tempel dieses Glaubens.

dem Auto sechs Kilometer weit nach Hause fahre und die ganze Pracht zuerst einmal im Kühlschrank verstaue.

Dieses «industrielle Prinzip», konsequent auf alle Lebensbereiche angewandt, hat uns einen Lebensstandard beschert, der wahrscheinlich einmalig in der Geschichte ist. Es geht uns gut. Wir haben relativ wenig wirklich bittere Armut. Die meisten von uns können sich Dinge leisten, die sich unsere Eltern nicht leisten konnten. Wir haben mehr Zeit gewonnen. Wir sind nicht mehr gar so abhängig von Naturgewalten. Wir müssen uns vorläufig kaum mit Heiz- oder Verkehrsproblemen befassen. Eine ausreichende ärztliche Versorgung ist gewährleistet. Esswaren aus aller Herren Länder stehen uns zur Verfügung. Unsere Häuser sind ziemlich einsturzsicher, die sanitären Anlagen funktionieren. Mitunter nimmt das Ganze drollige Züge an. So brauche ich mir nicht einmal selber den Hintern abzuwischen, wenn ich mein Geschäft verrichtet habe. Das besorgt eine sehr liebevoll konstruierte Einrichtung, die mir mein Hausmeister in die Wohnung gestellt hat. «Closomat» heisst das Ding, das mich da hinten mit warmem Wasser abspült und hernach mit warmer Luft trocken fönt.

Ich will aber unsere Closomat-Zivilisation nicht lächerlich machen. Ich will nur feststellen: Wir haben einen ziemlich einmaligen Standard erreicht – dank der konsequenten Anwendung des «industriellen Prinzips» in allen Lebensbereichen. Wir sind nicht mehr dauernd mit unserem Existenzkampf beschäftigt, können uns darüberhinaus einige Annehmlichkeiten leisten und haben so eine gewisse Freiheit erhalten.

Die Kehrseite

Anderseits beruht dieses Prinzip schlicht auf Ausbeutung, Ausbeutung der Dritten Welt zum Beispiel, oder Ausbeutung einzelner Menschengruppen, die bei weitem nicht alle in auch nur ähnlichem Masse von unserer Closomat-Zivilisation profitieren.

Es beruht auch auf Ausbeutung der Natur.[2] Langsam sind die Energiequellen aufgebraucht, die Flüsse schmutzig, die Luft verdreckt, die Landschaft betoniert. Die Erschliessung neuer Energiequellen scheint nicht ungefährlich. Langsam formiert sich die Gegenbewegung. Quer durch alle bestehenden politischen Gruppierungen hindurch schliessen sich die Gegner von Atomkraftwerken zusammen. Andere wehren sich gegen den Bau von weiteren Autobahnen oder gegen das Abholzen alter Bäume. Immer mehr bisher uninteressierte Normalverbraucher werden zu kleinen Ökologen, zum Beispiel durch unheimliche Begegnungen der folgenden Art:

Ich hatte mir im Supermarkt einen Kopfsalat erstanden, von dem ich etwa die Hälfte ass. Die andere Hälfte brachte ich den Kaninchen, die wir damals in der Schule hielten. Diese waren aber offenbar heikler als ich. Sie verschmähten das Grünzeug, das ich gefressen hatte, obschon sie offensichtlich hungrig waren. Ein von mir befragter Fachmann erklärte, das sei ihm auch schon aufgefallen. Offenbar seien da zuviel Chemikalien dran.

Anm. 2:
Natürlich verdienten die hier nur rasch aufgezählten Themen eine eingehendere Behandlung. Aber es gibt ja eine fast unübersehbare Fülle von Literatur darüber. Deshalb verzichte ich darauf. Nur das Ökologie-Problem möchte ich ganz kurz antippen, weil wir das für unseren Vergleich brauchen.

Natürlich ist es Unsinn, das ganze Problem auf meinen Kopfsalat zu reduzieren. Ich meine damit nur: Wo sie es vielleicht gar nicht erwarten, merken die Leute plötzlich, dass sie davon betroffen sind, dass sie den Preis für unseren «Fortschritt» mitbezahlen müssen, und dass dieser Preis möglicherweise noch weit höher klettern wird.

Die Ausbeutung jedes einzelnen Menschen

Damit wären wir bei unserem eigentlichen Thema: dem Preis, den wir alle für unsere Zivilisation bezahlt haben. Ob wir es wahrhaben wollen oder nicht – jeder einzelne wird durch dieses «industrielle Prinzip» ausgebeutet wie eine Rohstoffquelle, verschmutzt wie ein Gewässer. Ich möchte dies fürs erste an zwei Beispielen zeigen.

– Jedes Jahr zieht es Tausende von Menschen in den Süden. Italien, Griechenland usw. sind richtige Wallfahrtsorte geworden. Sehen wir jetzt einmal ab von jenen, die mit einer perversen Lust am Ameisendasein auf dem Campingplatz noch viel enger zusammenrücken als zuhause im Wohnblock oder mit Strandsand paniert an der Sonne braten.[3] Übrig bleiben dann immer noch Unzählige, die im Süden etwas suchen

---

Anm. 3:
Hinter dieser von mir hier als pervers bezeichneten Handlungsweise steht allerdings auch wieder ein sehr verständliches Bedürfnis nach Zusammengehörigkeit, Gemeinschaft usw. Mancher Zürcher lernt in Rimini auf dem Zeltplatz Leute aus einem andern Stadtteil Zürichs kennen, und man trifft sich im darauffolgenden Jahr wieder auf demselben Platz.

(und oft auch finden), das sie bei uns hier vermissen. Was ist das? Wohl kaum tropfende Duschen oder chronisch verspätete Züge. Wenn man mit ihnen spricht, taucht immer wieder auf: «Die Menschen sind dort (‚noch' – wird bezeichnenderweise meist angefügt) offen, spontan, herzlich, irgendwie ‚ganzer' als bei uns – und auch wir können dort spontaner sein.» Aber eben – der Lebensstandard ist deutlich niedriger als bei uns (der grösste denkbare Gegensatz zu meinem Closomat ist irgendein italienisches Stehklo). Meist schiebt man das auf die Geografie oder die «Verschiedenheit im Volkscharakter». Aber ähnliche Beobachtungen macht man auch, wenn man von uns aus Richtung Westen (Frankreich) oder Osten (etwa nach Wien oder weiter) fährt: Der «Lebensstandard» sinkt deutlich, und parallel dazu nimmt die Spontaneität, die «Ganzheit» der Menschen zu.

Das ist leicht nachprüfbar. Allerdings ist es nötig, sein «Gespür» dafür zu entdecken. Diese Unterschiede sind spürbar, riechbar, schmeckbar – am wenigsten vermutlich auf dem Flughafen, im Hotelzimmer oder in der Diskothek.

– Jedes Jahr kurz vor Weihnachten werden unzählige Erwachsene merkwürdig. Sie ertragen weniger, sind rascher gereizt, manche beginnen zu trinken, es gibt ungeheure Streitereien am Arbeitsplatz, mit dem Ehepartner, mit den Kindern – das alljährliche «Adventstief» wird spürbar. Wo liegt der Grund? Die Vorweihnachtszeit mit ihren Lichtern, Sternen und Tannzweiglein erinnert die Menschen in einer eigentümlichen Art an ihre Kindheit. Und damit werden unerfüllte Träume, Wünsche, Hoffnungen wieder wach. Vor allem aber spüren diese Menschen, wieviel in ihnen kaputtgegangen ist an Spontaneität, an der Fähigkeit, sich zu freuen, sich ganz für etwas einzusetzen, an etwas zu glauben, froh, wütend, traurig zu sein. Sie spüren, dass sie an «Ganzheit» verloren haben. Sie sind eben «erwachsen» geworden. Sie sind jemand, sie haben verantwortungsvolle Stellen oder weiss der Himmel was. Vor allem haben sie einiges verloren (was sie vielleicht dann in Italien wieder suchen). Das ergibt schliesslich die Reaktionen, die wir als «Adventstief» bezeichnen.

Ich habe absichtlich zwei Beispiele gewählt, die nicht besonders auffällig sind. Natürlich gibt es Alkoholiker, Drogensüchtige, völlig ausgepumpte Menschen, bei denen der Vergleich mit der völlig erschöpften Rohstoffquelle offensichtlich ist. Depressive Menschen, solche mit vegetativen Störungen, Menschen, die nur mit Medikamenten funktionieren, die also wie ein ausgelaugtes Stück Land erst «gedüngt» werden müssen. Aber etwas davon ist bei den meisten von uns festzustellen – und sei es nur, dass gerade dieses Problem nicht mehr gespürt wird.

Wir alle sind ausgebeutet worden. Wir haben unendlich viel verloren. Wir haben verloren als «Gesellschaft», in einem geschichtlichen Prozess im Zuge der Industrialisierung. Dies wird spürbar, wenn wir uns in Gesellschaften aufhalten, die weniger industrialisiert sind (zum Beispiel in Süditalien). Wir verlieren aber auch als Teil dieser Gesellschaft, als einzelne im Prozess der Erziehung, des Erwachsenwerdens, des Eingliederns in diese Gesellschaft. Dies wiederum spürt man, wenn man beispielsweise Kinder mit Erwachsenen (oder sich selbst als Kind mit sich selbst als Erwachsenem) vergleicht. Verloren haben wir so wichtige Dinge wie Spontaneität, schöpferische Fähigkeiten, Phantasie, Aufrichtigkeit, Herzlichkeit und die Fähigkeit, richtig froh, richtig traurig, richtig wütend zu sein, sich zu empören, zu fühlen, zärtlich sein zu können, sich selbst und andere Menschen zu spüren. Die Reihe liesse sich erweitern. Aber immer sind es Fähigkeiten, die die meisten Menschen so ein bisschen besitzen, aber nicht zu sehr, von denen sie den Eindruck haben, dass die Menschen in Italien zum Beispiel sie in grösserem Masse besitzen, und die sie selber als Kinder auch in grösserem Masse besassen.

«Weichteilchen»

Warum haben wir das alles verloren? Warum ist das notwendigerweise der Preis, den wir bezahlt haben?

Ein ehemaliger Schüler von mir arbeitete eine Zeitlang an einer Betonpumpe. Die Pumpe ist technisch einwandfrei konstruiert, die Betonherstellung perfektioniert. Der Beton hat aber den grossen Nachteil, dass er die Verschalungen, in die er gegossen werden soll, nicht von selber findet. Und auch die Pumpe kann ihm dabei nicht genügend behilflich sein. Hier braucht es also Menschen. Mein ehemaliger Schüler, ein intelligenter, wacher und sensibler Mensch, besorgte diese Arbeit. Mit der Zeit bemerkte man bei ihm gewisse Veränderungen: Man konnte mit ihm über fast nichts anderes mehr sprechen als über Betonpumpen oder Autos. Er wurde uninteressierter, stumpfer, auch rücksichtsloser gegenüber anderen Menschen. Zum Glück merkte er es rechtzeitig.

Mit absoluter Konsequenz lässt sich das «industrielle Prinzip» eben doch nicht durchführen. «Es» produziert, verwaltet usw. eben doch nicht ganz von selbst. Man kann zwar einzelne Teilprobleme immer perfekter und technisch aufwendiger lösen, es bleibt aber immer ein Rest zurück – «Knautschzonen» gewissermassen. Dort arbeiten die Menschen, als

«Weichteilchen» in einem sonst starren System. Je perfekter das starre System ist, desto störender wirken gewisse Eigenschaften der Weichteilchen: Originalität, Spontaneität und was wir bereits aufgezählt haben. So verkümmern sie dann eben langsam.

Der Mensch als Zahnrädchen

Ich möchte den «Ausbeutungsprozess» etwas anders umschreiben. Man könnte unsere spätindustrielle Gesellschaft mit einem riesigen Getriebe vergleichen. Alles greift ineinander, alles ist gegenseitig irgendwie voneinander abhängig. Die einzelnen Menschen sind Zahnrädchen in diesem Getriebe. Sie drehen sich in einem ihnen aufgezwungenen Tempo. Eine Mittelschule ist ein gutes Beispiel dafür. Einem Mittelschüler dürfte aber das Fliessband in einer Fabrik als Beispiel eher einleuchten. Es gibt noch Tausende weitere. Es interessiert niemanden, ob das Drehen der Zahnrädchen diese schmerzt (reibt, klemmt, quietscht). Die Hauptsache ist, dass das Ganze funktioniert. Es interessiert die Fahrgäste eines Trams nicht, ob der Tramführer Sorgen oder Kummer hat, es interessiert sie, ob das Tram pünktlich fährt. In Italien ist dieses Zahnrädchensystem weit weniger perfekt, die Zahnrädchen wackeln – und hier beginnt auch unser Bild zu wackeln.

Zahnrädchen sein kann sehr schmerzen. Dies wurde mir wieder bewusst, als ich kürzlich mit Peters Vater sprach. Herr Wagner ist in einem mittleren Unternehmen in leitender Stellung tätig. Sein Bub, sechzehnjährig, ist auffallend beziehungsschwach. Er misstraut allen Menschen. Wenn er neue Kontakte aufnimmt, blufft er derart, dass niemand Lust verspürt, diese Kontakte länger aufrechtzuerhalten. Vor allem aber ist er nicht fähig, Gefühle selber zu zeigen oder bei anderen Menschen zu spüren. Ich sprach mit Herrn Wagner ziemlich lange über all die Probleme seines Sohnes, und wir kamen darauf, dass sie in etwas anderer Form auch bei ihm und seiner Familie existierten. Plötzlich sagte er: «Sehen Sie, ich leite ein Unternehmen. In der Branche, in der ich tätig bin, herrschen richtige Wildwest-Methoden. Da darf man keine Schwächen zeigen. Und Schwächen, von denen man weiss, muss man verdecken. Gefühle, Ehrlichkeit usw. liegen da überhaupt nicht drin. Man muss sich richtiggehend abstumpfen. Aber wenn ich jetzt nach Hause komme, kann ich doch das alles nicht einfach abstreifen und plötzlich ein ganz anderer Mensch sein. Ich weiss schon gar nicht mehr, wie das ist. Und gleichzeitig sehe ich, dass ich meinen Buben – und mich selbst – so kaputtmache. Aber leben müssen wir doch, und ich habe jetzt einmal diesen Beruf. Was soll ich tun?» Wirklich – was soll er tun?

Etwas schmerzt genauso: das Zahnrädchen-Werden. Die Zahnrädchen müssen zuerst gefräst und geschliffen werden, damit sie in die Lücke passen, damit sie dort richtig drehen. Diesen Vorgang nennt man in der aktiven Form Erziehung, in der leidenden Form Erwachsenwerden.

Man mag einwenden, das sei eine etwas merkwürdige Auffassung von Erziehung. Erziehung bedeute doch vielmehr ... (hier wären all die wunderschönen Definitionen der Pädagogen einzusetzen, gegen die sich unsere Bezeichnung «Zahnrädchenschleifen» ziemlich rüde ausnimmt). Aber mir ist immer aufgefallen, dass gerade in der Pädagogik eine sehr grosse Lücke klafft zwischen dem, was die Leute erzählen, und dem, was sie dann wirklich tun. Dies erfährt jeder Junglehrer sehr schmerzhaft, der das, was die Pädagogen von Pestalozzi bis Häberlin schrieben, auch wirklich ernst nimmt und danach zu leben versucht. Er wird von Kollegen und Schulbehörden sehr rasch einmal darauf hingewiesen werden, was es mit der Erziehung tatsächlich auf sich hat – es sei denn, er führt seine guten Absichten so aus, dass sie keine allzu grosse Wirkung haben. Ein mir befreundeter Psychoanalytiker sagte einmal: «Es kommt mir so vor, als ob all die bedeutenden Pädagogen auf Türmen stünden und Trompetenstösse ins Land sendeten. Und irgendwo weit, weit unten gehen die Kinder mit dem Schulsack auf dem Rücken zur Schule.»

Dort unten werden die Zahnrädchen geschliffen – leise, kaum spürbar, in liebevoller Kleinarbeit.

Zum Beispiel Werni

Die Lehre begann für mich bereits einige Tage vor dem Lehr-
beginn. Ich hatte nämlich schon seit längerer Zeit Schiss vor
dem grossen Schritt. Doch ich wusste, dass es jetzt galt, meinen
Mann zu stellen. Zu Hause sagten sie, es werde schon alles gut
werden, und die schöne Zeit der Schule sei jetzt halt vorbei.

Vom Lehrmeister wusste ich nur, dass er ein äusserst strenger
Mann sei, bei dem man zu gehorchen habe. Für jene, die nicht
sauber und nach Vorschriften arbeiteten, halte er sich stets den
Samstag reserviert. Die Firma sei streng organisiert, doch
werde ich den Rank schon finden, wenn ich mich anstrengen
werde. Ich hatte innerlich eine ungeheure Angst vor dem, was
da auf mich zukam, doch nach aussen gab ich mich gelassen.

Vom ersten Tag weiss ich noch gut, was ich zu tun hatte. Ich
war sehr froh, nicht viel gefragt zu werden, und dass man mir
gleich eine Arbeit zuteilte, mit der ich mich beschäftigen konn-
te. Ich wollte beweisen, dass ich gewillt sei, ein guter Lehrling
zu werden. Dieser Eifer begleitete mich die ganze Lehrzeit
hindurch. Ich merkte sehr bald, dass ich nicht allzuviel fragen
sollte; denn das schien niemand allzu gerne zu haben. Das
meiste lernte ich daher durchs Zuschauen, oder indem ich ein-
fach tat, wie mir geheissen wurde.

Auch merkte ich, dass man schnell zu arbeiten hatte; denn
immer war da ein Haufen Arbeit, die auf Erledigung wartete.
Ich merkte, worauf es ankam, wenn man anerkannt sein
wollte, und gab mir irrsinnige Mühe, gut zu sein. Indem ich
bewies, überall dem Geforderten entsprechen zu können, ge-
lang es mir, unangenehmen Konfrontationen aus dem Wege
zu gehen. War ich mit etwas nicht einverstanden, so machte
ich es trotzdem, weil ich so Ruhe hatte. Am meisten Erfolg

26

erntete ich, wenn ich etwas schneller und besser als ein anderer erledigen konnte. Das kannte ich von der Schule her, wo ich auch immer glücklich war, wenn ich etwas besser konnte als andere.

Hier in der Lehre schien das auch zu gelten. Dafür gab es Lob. Der Meister erklärte im Grunde genommen nichts. Er hatte selber Sorgen und musste sehen, dass der Laden lief, der nicht ihm selber gehörte. Wenn ich nichts fragte, hatte er keine Unannehmlichkeiten und ich meine Ruhe. So kam ich sehr gut durch, doch meine eigene Initiative blieb daheim, und das merkte ich nicht. Es war wie in der Schule. Schlussendlich war ich so weit, dass ich vor eigenen Aktivitäten Angst bekam und daher lieber das machte, was andere sagten.

Ja, ich konnte gar nichts mehr selber machen. Bevor ich etwas machte, musste ich herausfinden, ob das von anderen gebilligt wurde oder nicht. War es im Sinne der andern, so konnte ich loslegen, und die Sache so erledigen, wie sie gewünscht wurde. Meistens erledigte ich alles noch ein bisschen besser; denn ich wollte ja anerkannt sein. Ich wurde dann auch sehr gerühmt, und man schätzte mich wegen meiner Initiative. Doch das Ganze beruhte nicht auf eigener Initiative, ich vervollständigte lediglich, was andere initiiert hatten. An dieses System hatte ich mich so gewöhnt, dass ich schlussendlich überhaupt nichts mehr machen konnte, für das ich nicht die wohlwollende Unterstützung von jemand anderem hatte. Ich glaubte alles, was andere sagten.

Ich war ein freier Mensch und gleichzeitig total abhängig. Die Abhängigkeit war die Wirklichkeit, und die Freiheit meinte ich zu geniessen. In der Gewerbeschule, die ich parallel zur Lehre absolvierte, hatte ich mit diesem System ebenfalls die besten Erfolge. Ungeheure Energien konnte ich aufbringen, *wenn es galt, etwas besser zu machen als andere, oder einfach auf das Ziel hinzuarbeiten, es so zu machen, wie es der Lehrer haben wollte.*

Das Ziel war nicht, das Wissen systematisch, bezogen auf die Sache, und weil ich es wollte, zu erlernen, sondern das Ziel war es, herauszufinden, wie der Lehrer es haben wollte, und es dann genauso zu machen. Ich wurde mit guten Noten belohnt und «erarbeitete» mir einen Namen als einer, der drauskommt. Dass ich gar nicht drauskam, merkte ich gar nicht; denn ich war ja «erfolgreich». Es fiel mir auch gar nicht auf, dass ich eigentlich gar nicht so viel konnte, wie ich selber glaubte. War ich einmal auf mich selber gestellt und sollte wirklich etwas kreativ leisten, kam der totale Ablöscher. War einmal niemand da, bei dem ich mich orientieren konnte, brachte ich nicht einmal die einfachsten Dinge selbst zustande.

Dann kam die Zeit des Militärs. Für mich wieder eine Zeit des Erfolges. Hier hatte es jede Menge Leute, denen man es recht machen konnte. Man brauchte nur zu machen, was und wie es verlangt wurde. Wenn mitten im Sommer die obersten Heften am Kragen zuzuspannen waren, bis der Schweiss herunterlief, so machte ich das mit dem grössten Vergnügen; denn ich durfte es machen, wie es verlangt wurde. Lag einmal kein Befehl vor, so wurde ich unsicher und erkundigte mich, wie es verlangt werde.

Weil ich nicht nein sagen konnte, wurde ich Korporal. Es ging alles bestens, und ich wurde als Instruktor gebraucht. Nun waren da auch noch solche, die zu gehorchen hatten, was mir ein sehr angenehmes Gefühl gab. Sah ich, wie meine Befehle befolgt wurden, war ich befriedigt. Nun geschah etwas, wenn ich was sagte. Es war herrlich, den Oberen konnte ich gehorchen, und wenn ich selbst etwas sagte, ging auch was. Plötz-

lich konnte ich ganze Säle voll Leute instruieren. Ich staunte selbst über die plötzlichen Fähigkeiten. Schwierigkeiten hatte ich nur, wenn etwas spontan, überraschend und ausser Programm arrangiert werden musste. Da kam ich umgehend ins Schwimmen und war nicht mehr fähig zu handeln. Wenn mir nichts vorgekaut wurde, konnte ich auch nichts weitergeben.

Bevor ich etwas Eigenes tat, durchlief ich tausend Wenn und Aber sowie die halben Dienstvorschriften. Sass ich in einer fröhlichen Bande, wo es auf anderes als die Pflicht ankam, so konnte ich nicht mehr mithalten, da hatte ich wenig zu bieten. Trotz allem überstand ich die Zeit heil und war froh, alles tapfer ertragen und meinen Mann gestellt zu haben.

So vergingen noch einige Jahre, die ich nach demselben Muster verlebte. Dauernd auf der Suche nach Leuten, die mir vorlebten, wie ich zu leben habe.

Da ich meine Aufgaben bestens erfüllte, wurde ich auch im beruflichen Sektor nicht vergessen, und man übertrug mir langsam Pflichten, die mehr verlangten als jemanden zu kopieren. Nun sollte ich mich plötzlich verändern. Früher wurde ich gebraucht, um mich hingebungsvoll für die Interessen anderer einzusetzen, jetzt jedoch wurde ich plötzlich benötigt, selber Sachen und Ideen zu entwerfen und zum Ende zu führen. Ich stand vor einem Scherbenhaufen und verstand die Welt nicht mehr. Das konnte ich ja gar nicht. Wie ist es nur möglich, dass man all die Jahre einer Welle folgt, die auf eine Klippe zutreibt, die das Schiff zum Sinken bringen muss?

Ich realisierte nun plötzlich mehr. Die Menschen um mich herum betrachtete ich mit neuen Augen und wurde zum interessierten Beobachter. Auch gelang es mir etwas, mich vor dem dauernd auf mir lastenden Zwang zur Pflicht zu befreien und eine bewusst gelöstere Haltung anzunehmen. Ich hatte plötzlich eine eigene Meinung, war sie auch noch so schwach. Ich glaube, ich fing an, Verantwortung für mich selber zu übernehmen. Gleichzeitig merkte ich nun, dass, wenn ich Verantwortung mir selber gegenüber übernehmen wollte, ich einiges zu verändern hatte. Doch bewusst und unnachgiebig zu meiner Meinung zu stehen, das scheint mir ein schier unlösbares Problem. Es wirklich ernst zu tun, braucht, glaube ich, das ganze Leben.

Immer wenn ich auch nur kleine Veränderungen vornehmen will, kriege ich es mit merkwürdigen Hemmfaktoren zu tun, und dann kann ich das Angefangene nicht zu Ende führen. Ich bleibe ungewollt da, von wo ich wegzukommen versuche.

Diese Behinderung hat schon sehr tiefgreifende Einschnitte in meinem Leben erzeugt. Die Lehre habe ich nicht selber ausgesucht, ich konnte nicht handeln, das taten andere für mich. Wollte ich Mädchen kennenlernen, und hatte ich Anfangsschritte unternommen, kriegte ich wieder die Angst und konnte so nie eine rechte Beziehung zu einem andern Menschen aufbauen. So heiratete ich halt ohne grosse Überlegung und war froh, noch eine gefunden zu haben.

Ich möchte nun aus dem Beruf aussteigen und etwas Neues beginnen. Doch ich führe nichts zu Ende, ja, ich beginne schon bald gar nichts mehr. So bleibe ich unbefriedigt, aggressiv und krank im alten Beruf und wurstle weiter. Gefangen trotz Symptomen, die oft kaum mehr zu ertragen sind. Psychosomatische Leiden sind brutal, und wären sie operativ zu beheben, so hätte ich nicht bloss die Mandeln operieren lassen müssen, sondern Herz, Magen und Darm gleich dazu. Es wäre mir bestimmt wohler.

Einige Anmerkungen zur Technik des Zahnrädchenschleifens

Wie werden denn diese Zahnrädchen geschliffen? Was für Kräfte werden wirksam? Wie geht das vor sich? – mit all den schönen Sätzen über «die Erziehung».

Auf diese Fragen kann ich keine umfassende Antwort geben. Aber ich will auf ein paar Dinge hinweisen, die mir aufgefallen sind bei den Menschen, mit denen ich zu tun habe. Mir ist klar geworden, dass diese Probleme auch bei mir selber existierten oder noch existieren.

Alle Menschen sind verschieden

Ein Abend in einem evangelischen Ferien- und Bildungszentrum im Engadin.[1] Ein Zeichenlehrer hatte mit den Hausgästen zusammen gezeichnet. Zuerst mit offenen, dann mit geschlossenen Augen hatten alle mit Fettkreide zu Bluesrhythmen schwungvolle Ornamente auf ihre Blätter gemalt. Dann veranlasste er eine «lebende Ausstellung». Jeder hielt das Blatt vor sich in die Höhe, das ihm am besten gefiel. Man sah eine ungeheure Vielfalt von Mustern, ausgelöst durch dieselbe Musik, und lauter strahlende Gesichter. Dann sagte der Leiter: «Seht einmal, wie ist das schön, dass wir so verschieden sind.» Genau das war es, was alle gespürt hatten.

Die Erinnerung daran hat sich mir vor allem deshalb so fest eingeprägt, weil es so ziemlich allen Erfahrungen wider-

---

Anm. 1:
Das evangelische Ferien- und Bildungszentrum «Randolins» (St. Moritz) hat begonnen, Ferienkurse für «Schulversager» und deren Eltern durchzuführen. Den ersten Kurs machten der Zeichenlehrer Lukas Sarasin und ich zusammen. Dabei hatten wir natürlich auch Kontakt zu den übrigen Hausgästen. Bei einem dieser Kontakte spielte sich (unter Lukas' Leitung) die geschilderte Szene ab.

spricht, die man sonst macht. Normalerweise wird es gar nicht als schön empfunden, dass die Menschen verschieden sind. In Worten – ja. Wenn man sagt: «Alle Menschen sind verschieden, keine zwei sind sich gleich», dann kann man sicher mit Zustimmung rechnen. Aber wie sieht das in der Praxis aus?

Die Verschiedenheit, die Einmaligkeit kommt den Menschen im Verlaufe ihrer Erziehung gründlich abhanden. Man vergleiche, um ein harmloses Beispiel zu nehmen, Zeichnungen von Kindern im Vorkindergartenalter mit Zeichnungen von Fünftklässlern in der Zeichenstunde, wenn ihnen das originelle Thema «Eulen» (oder «Aquarium») gestellt wird.

Ich habe erlebt, wie zwei Sechsjährige mit Hingabe malten. Der eine setzte in der Blattmitte unerhört intensive Farbkleckse nebeneinander und zueinander in Beziehung, der andere begann am äussersten Rand des grossen Blattes zu malen und tastete sich mit ganz wässerigen Farben langsam und sehr vorsichtig gegen die Mitte vor, ohne das Blatt je zu füllen. Dann kamen die Eltern und zeigten den beiden, wie man eine Glockenblume malt.

Wir sind unsern Kindern an Einmaligkeit weit unterlegen. Wir können uns nur darauf hinausreden, dass man mit uns eben dasselbe getan hat, was wir gerade im Begriffe sind, mit unsern Kindern zu tun.

Angst

«Leben» – diese Veranstaltung ist im Grunde genommen eine
sehr unsichere Sache. Was weiss man denn schon darüber?
Was weiss man darüber, welche Entscheidungen richtig sind?
Es ist sehr schwer, dauernd in der Unsicherheit zu leben.

So ist es begreiflich, wenn die Eltern eines Kindes zuerst einmal unsicher sind, Angst haben – Angst, irgend etwas mit der
Entwicklung ihres Kindes laufe falsch oder verspätet ab. Es ist
ja tatsächlich möglich, dass einmal ein Kind nicht gehen oder
sprechen lernt. Die Eltern haben ja Beispiele dafür in der
Verwandtschaft oder in der Nachbarschaft.

In dieser Unsicherheit suchen viele Menschen nach Hilfskon-
struktionen, «Stützkorsetts» gewissermassen. Ein solches
Stützkorsett bot früher vielen Menschen die Religion. Die Eltern konnten sich sagen: «Unser Kind steht in Gottes Hand,
er wird es schon so aufwachsen lassen, wie er es für richtig
hält.» Das gab ihnen unter Umständen eine grosse Gelassen-
heit, und viele Kinder konnten so ohne grossen Druck aufwachsen, was sich positiv auf ihre seelische Gesundheit aus-
wirkte. Anderseits blieben so viele Begabungen und Möglichkeiten eines jungen Menschen, die noch gezielt zu fördern
gewesen wären, einfach liegen.

Ich hatte eine Grossmutter, die nach diesem System alt geworden ist. Als ihr Gehör nachzulassen begann, sagte sie sich
ganz einfach: «Wenn der liebe Gott mir das Gehör jetzt
nimmt, wird er schon wissen warum.» Von Hörapparaten,
Absehkursen oder gar fachärztlichen Untersuchungen wollte
sie nichts wissen. Sie liess sich einfach alles Erwähnenswerte
ins Ohr schreien, und auch so waren es immer weniger Menschen, die sie verstand. Nach der Beerdigung ihres Mannes,

meines Grossvaters, bei der ich Cello gespielt hatte, sagte sie lächelnd zu mir: «Jürg, ich danke dir, dass du gespielt hast. Ich habe zwar keinen Ton gehört, aber ich habe mir dabei selber eine Musik vorgestellt, die schöner ist als alles, was du je zustandebringst.» Womit sie ganz sicher recht hatte.

Die Religion ist heute als Stützkorsett eher selten anzutreffen. An ihre Stelle tritt für viele Menschen die Wissenschaft, in unserem Fall die Psychologie und die Pädagogik, mit ihren jeweiligen Randgebieten. Das hat auf der einen Seite den Vorteil, dass grobe Ausfälle oder Entwicklungsverzögerungen bei Kindern rechtzeitig erkannt und gezielt angegangen werden. Die Dorftrottel, die noch zu Anfang dieses Jahrhunderts überall das Dorfbild belebten, sind deutlich seltener geworden. Auf der andern Seite aber hat diese Sicht auch negative Auswirkungen. Mit ihnen werden wir uns in den nächsten beiden Teilkapiteln zu beschäftigen haben.

Es gibt, grob gesehen, zwei Arten von Stützkorsetts, die für das Aufwachsen der Kinder geliefert werden: «Leitern» und «Rennbahnen».

Die «Leiter»

Wenn ich am selben Tag zwei junge Zimmerlinden in zwei Blumentöpfe pflanze, beiden immer gleichviel Wasser und gleichviel Licht zukommen lasse, sie genau gleich pflege, so leuchtet es jedermann ein, wenn nach einer bestimmten Zeit die beiden Pflanzen doch nicht gleich gross, gleich stark oder was immer sind. Bei den Menschen ist das anders: Da erwartet man offenbar grösste Gleichförmigkeit. Man denke an die entwicklungs-psychologischen Wälzer, Entwicklungstabellen, Entwicklungstests (Schulreife!) und vor allem auch Lehrpläne.

Ein fleissiger Professor[2] hat die gängigen Entwicklungspsychologien für die Lehrerausbildung in einem Lehrbuch in Tabellenform zusammengestellt. Ich füge diese Tabellen zu des Lesers Erheiterung hier an. Es kann ein lustiges Spiel sein, die eigene Entwicklung anhand dieser Tabellen noch einmal nachzuvollziehen. Ich kenne viele Menschen, die sich überhaupt nicht so entwickelt haben, wie die gelehrten Verfasser vorschlagen.

Siehe Tabellen Seite 38 bis 44.

Eltern bekommen normalerweise andere «Leitern» in die Hand gedrückt. Von Verwandten und Bekannten zum Beispiel, deren Kinder natürlich allesamt viel früher entwickelt waren oder sind. «Meiner sagt schon: ‚Mama'!» – Er meint damit allerdings «Essen», aber das sind Details. «Deine Tante war in dem Alter schon völlig sauber.» – Sie ist zwar jetzt als Hausfrau ein furchtbarer Putzteufel, aber das sind auch Details. Und schon steigt Angst auf bei vielen Eltern: Was, wenn sich das wirklich nicht einfach ergibt?

Anm. 2:
Ich möchte einen bereits in «Dummheit ist lernbar» begonnenen Brauch fortführen: Die Herkunft negativ zitierter Stellen wird nicht angegeben. Es geht ja nicht um wissenschaftliche Streitereien, hinter denen allemal das Leistungsprinzip hervorschimmert. Es geht um eher zufällig herausgegriffene Beispiele, an sich auswechselbar, die aber deshalb typisch sind für das Problem, von dem gerade die Rede ist.

Lj.	G. Kerschensteiner (geboren 1854)	W. O. Döring (geboren 1880)	Lj.
1.	*Erste Kindheit:*	*Frühe Kindheit:*	1.
2.	Dressuralter, unreflektiertes Triebleben;	spielerisches Verhalten; rege Phantasietätigkeit	2.
3.	Dominanz der Bewegungsspiele		3.
4.	*Zweite Kindheit:*		4.
5.	eigentliches Spielalter; Vorherrschen animalisch-		5.
6.	hedonistischer Werte		6.
7.			7.
8.	*Knaben- und Mädchenalter:*	*Mittlere Kindheit:*	8.
9.	egozentrisch gerichtetes Arbeitsalter; Beschäftigung mit	Scheidung von Spiel und Arbeit; nach außen gerichtete Interessen;	9.
10.	materiellen und geistigen Gütern; Vorherrschen vitaler und	bewußtes Lernen; realistische Einstellung	10.
11.	sozialer Werte		11.
12.			12.
13.			13.
14.			14.
15.	*Jünglingsalter:*	*Reifezeit:*	15.
16.	Pubertät	Wendung nach innen; Auseinandersetzung mit objektiven	16.
17.	Adoleszenz	Werten	17.
18.	Alter der sachlichen und altruistischen Arbeitsinteressen;		18.
19.	Vorherrschen unpersönlicher, geistiger Werte		19.
20.			20.
21.			21.
22.		*Erwachsenenalter*	22.
23.			23.
24.			24.

Lj.	O. Kroh (geboren 1887)
1.	
2.	*Frühe Kindheit:* motorische Lernfähigkeit; erste Sozialkontakte; egozentrische Haltung; beseelende Dingauffassung;
3.	erste Sprachäußerungen
4.	*Schulfähige Kindheit:*
5.	Scheidung von Spiel und Arbeit; Fähigkeit zur willkürlichen Aufmerksamkeit; eigentliche Lernzeit; Erweiterung des Erfahrungskreises; analysierende Betrachtung der Umwelt; Erkennen von Ursache und Folge;
6.	erste Abstraktionsleistungen
7.	
8.	
9.	
10.	kritisch-realistische Haltung; sachliches Denken; Festigung der Interessenrichtungen
11.	
12.	
13.	
14.	*Stufe der Reifung:*
15.	Ablehnung der Umwelt; Entdeckung der Innenwelt; verstärktes Gefühlsleben; Fortschritte im abstrakten Denken; zunehmende Kritik der Umwelt;
16.	Ringen nach Klarheit und Einheit; Streben nach einer neuen Wertordnung;
17.	
18.	nach außen gerichtete Aktivität; Versuche zur Verwirklichung eigener Ideen; Streben nach echter Werterfüllung;
19.	
20.	Bemühungen zu bewußter Lebensgestaltung; Vorbereitung der Familiengründung
21.	
22.	*Erwachsenenalter*
23.	(Für Frauen beginnt das Erwachsenenalter bereits mit 18 ; 0)
24.	

Lj.	O. Tumlirz (geboren 1890)
1.	1. Entwicklungsstufe, *Säuglingsalter - Frühe Kindheit:*
2.	Trieb- und Instinktwesen; gefühlsbetonte Organempfindungen und sinnliche Gefühlszustände.
3.	Erwerb des aufrechten Ganges; phantastischer Illusionismus; Spielalter; Einübung der Geisteswerkzeuge; naive Ich-Bezogenheit; 1. Trotzstufe;
4.	Ausbildung der wesentlichen Charaktergrundzüge.
5.	
6.	1. Übergangsstufe: nur geringe Fortschritte in der Entwicklung (Ruhepause).
7.	
8.	2. Entwicklungsstufe, *Schulalter:*
9.	Eroberung der Außenwelt; nüchterne, gefühlsarme Sachlichkeit; unkritische Übernahme der Werte von den Erwachsenen.
10.	
11.	
12.	2. Übergangsstufe, *Zweites Trotzalter:*
13.	Durcheinanderwirken von zwei geistigen Grundhaltungen (Objektgerichtetheit und erwachendes Interesse für die Innenwelt); Erwachen
14.	des Geschlechtstriebes; Entwicklung des Willens; Ansatz zum abstrakten Denken.
15.	3. Entwicklungsstufe, *Reifejahre:*
16.	Entdeckung der Eigenwelt; Auseinandersetzung mit Ich- und Fremdwerten; Überschätzung der eigenen Persönlichkeit; Loslösung vom
17.	Elternideal; Entstehung von Einzelfreundschaften.
18.	3. Übergangsstufe, *Höheres Jugendalter:*
19.	Zeit der Werterfüllung und Klärung; freudige Weltbejahung; kritische Einstellung zu sich selbst; Triebbeherrschung; Arbeitsfreude, Tatendrang.
20.	
21.	4. Entwicklungsstufe, *Mannes- und Frauenalter:*
22.	Zeit der Gereiftheit; Streben nach innerer Ordnung und Festigung; Eingliederung in die Ordnungen des Lebens (Familie, Beruf, Gemeinde,
23.	Kirche, Staat).
24.	

Lj.	A. Huth (geboren 1892)
1.	*Kindheit:* Vorbereitung: Entstehung der individuellen Eigenwelt; Entwicklung der Sinnesorgane; spontane Ausdrucks- und Reflexbewegungen.
2. 3.	Hauptphase: Aufrechter Gang; Entwicklung der Sprache und des Willens (1. Trotzphase).
4. 5.	Ausklang: Umstellung vom Ich- zum Wir-Bewußtsein; Spielalter (Kindergartenreife).
6. 7.	*Knaben- und Mädchenalter:* Vorbereitung: Entstehung eines objektiv-sachlichen Weltbildes; Bildung von Allgemeinvorstellungen an Stelle von echten Begriffen; Erreichung der Schulreife.
8. 9. 10.	Hauptphase: Eroberung der Außenwelt; Vergrößerung des Vorstellungsschatzes; anschauliches Denken; klare Unterscheidung von Spiel und Arbeit; wachsendes Verständnis für soziale Beziehungen.
11. 12. 13.	Ausklang: Beginn der (körperlichen) Reifezeit; starker Wissensdrang (sinngemäßes Lernen); denkendes Verarbeiten der Sachwelt (schlußfolgerndes Denken); Entwicklung eines ausgeprägten Rechtsgefühles; Ausbildung individueller Interessenrichtungen.
14. 15.	*Jugendzeit*):* Vorbereitung: Aufbau einer objektiven Wertwelt; Entdeckung der Innenwelt; schwankendes Gefühlsleben; soziale Konflikte.
16. 17. 18.	Hauptphase: triebhaftes Geselligkeitsstreben; Ich ist Weltmittelpunkt; zunehmende Selbständigkeit; abstraktes Denken.
19. 20. 21.	Ausklang: Verschmelzung von Sach- und Wertwelt; Entstehung echter, dauerhafter Freundschaften; werterfülltes Wollen.
22. 23. 24.	*Reifes Erwachsenenalter* *) Die hier angegebenen Daten gelten nur für die männliche Jugend. Bei Mädchen verschieben sich die Zeiten wie folgt: Vorbereitung von 12;6 bis 14;0, Hauptphase von 14;0 bis 16;0, Ausklang von 16;0 bis 18;0.

Lj.	Ch. Bühler (geboren 1893)	W. Hansen (geboren 1899)	Lj.
1.	Subjektive Sphäre; allmähliche Hinwendung zur Objektwelt; sprachloses „Werkzeugdenken"; Ansätze des Wollens	*Frühphase der Kindheit:* Aufbau eines Ich-bezogenen Weltbildes; unbeständiges Erleben; Einstellung zur Welt begründet in der Sphäre des primitiven Trieblebens	1.
2.	Erwerb der Sprache; ausgeprägter Subjektivismus; anthropomorphes Weltbild; Erfassung äußerer und innerer Beziehungen; Dominanz der „Fiktionsspiele".		2.
3.			3.
4.		*Hauptphase der Kindheit:*	4.
5.	Erwachen eines „Werkbewußtseins"; Erreichung der Werkreife (Aufgabe- und Pflichtbewußtsein); bereitwilliges Einfügen in soziale Ordnungen; Vorliebe für feste Regeln; sachliche Beobachtung und realistische Erklärung der Welt	Entstehung eines sachlich-realistischen Weltbildes; Ansatz zu realistischer Lebenshaltung; Anerkennung von Pflichten und Vorschriften; Versuch zur praktischen Bewältigung des Lebens; Aufgeschlossenheit für Objektives; autoritative Gebundenheit	5.
6.			6.
7.			7.
8.			8.
9.	Ausgeprägte Objektzugewandtheit; Höhepunkt der Wißbegierde		9.
10.			10.
11.	Wendung zu stark betontem Subjektivismus (Innenschau); Drang nach persönlicher Freiheit; Entstehung starker Gegensätze zwischen Ich und Umwelt (Flegelalter: negative Phase, zweites Trotzalter)		11.
12.			12.
13.			13.
14.	Intensive Auseinandersetzung mit der Umwelt; Streben nach Wahrheit und Moral; aktive Hingabe an Menschen und Dinge; willige Einordnung in die Gesellschaft; Streben nach echter Freundschaft; Wille zu echter Leistung und Verwirklichung idealer Werte	*Reifezeit:* Ablösung der Fremderziehung durch Selbsterziehung; Streben nach eigener Stellungnahme und Lebensgestaltung; Ausformung der reifen, wertbezogenen, pflicht- und verantwortungsbewußten und verantwortungsbereiten Persönlichkeit	14.
15.			15.
16.			16.
17.			17.
18.			18.
19.			19.
20.	Zeit des Vorläufigen und Unspezifischen; erste Bewährung im Berufsleben; Eroberung des endgültigen Lebensraumes		20.
21.			21.
22.			22.
23.			23.
24.			24.

Lj.	L. Schenk-Danzinger (geboren 1905)
1.	Erste Reaktionen auf die Umwelt; Grundlegung der sozialen Beziehungen; Werkzeugdenken.
2.	*Kleinkindalter:*
3.	Egozentrische Haltung im Sozialen und Intellektuellen; willkürliche Sozialbezüge; Dominanz des Funktionsspieles; magisches und prälogisches Denken; Beginn der Gewissensbildung.
4.	
5.	
6.	
7.	*Spätere Kindheit:*
8.	Fähigkeit zum Triebverzicht; Aufgabewilligkeit; Stufe des naiven und kritischen Realismus; Entnahme- und Gliederungsfähigkeit; Regel- und Rollenbewußtsein.
9.	
10.	
11.	
12.	*Vorpubertät:*
13.	„Flegeljahre"; Auftreten der sekundären Geschlechtsmerkmale; Stufe des konkreten Denkens.
14.	*Pubertät:*
15.	Sexuelle Reifung; Anbahnung hetero-sexueller Beziehungen; Ablösung von der Familie; Selbstfindung; Lebens- und Berufsplanung.
16.	
17.	
18.	*Adoleszenz:*
19.	Aufbau eines bleibenden Wertsystems; Stufe des abstrakten Denkens; Interesse an öffentlichen Angelegenheiten.
20.	
21.	*Erwachsenenalter*
22.	
23.	
24.	

Lj.	H. Remplein (geboren 1914)
1.	*Säuglingsalter* *Schlafalter*, *Zuwendungsalter* (0 ; 0—0 ; 2): Übung der Körperorgane (Sinne); Werkzeugdenken; 1. Kontaktdrang.
2.	*Alter des Spracherwerbs:* Verfeinerung der Wahrnehmung; Ausbildung des anschaulich-symbolischen Denkens; Gestaltauffassung.
3.	
4.	*Kleinkindalter* *1. Trotzalter:* Erstarkung des Wollens; Ansatz zur Selbstbestimmung; 1. Lösungsphase.
5.	*Ernstspielalter:* Beginnende Unterordnung des Subjekts unter das Objektive; Sinn für Ordnung und Regel; Erwachen des Schaffensdranges.
6.	
7.	*1. Gestaltwandel:* Umbau des Körpers und des seelischen Gefüges; 2. Lösungsphase.
8.	*mittleres Kindesalter:* beginnende Trennung von Sein und Schein; Entwicklung eines realistischen Weltbildes; konkret-gegenständliches Denken.
9.	*Großkindalter*
10.	*spätes Kindesalter*):* Abhebung von Ich und Welt; kritische Stellungnahme zur Umwelt; Wirklichkeitsfanatismus; Entwicklung der Abstraktionsfähigkeit; gesteigertes Selbstgefühl; Autoritätsgebundenheit.
11.	
12.	
13.	*Vorpubertät:* Ausbildung der Reifungszeichen; Zusammenbruch der kindlichen Weltwelt; abstraktes Denken; beginnender Aufbau der reifen Seelenstruktur.
14.	
15.	*Pubertät:* 2. Gestaltwandel; aktive Introversion; Phase größter Kontaktarmut; Entstehung eines idealistischen Weltbildes.
16.	
17.	*Jugendalter* *Jugendkrise:* kritischer Realismus; Phase des Zweifelns.
18.	
19.	*Adoleszenz:* Phase der eigenen, relativ dauernden Stellungnahme; Festigung des Selbstgefühls; starker Schaffensdrang; Vollendung der sozialen Reifung; Aufbau einer endgültigen Lebensform.
20.	
21.	
22.	*Erwachsenenalter*
23.	*) Die hier angegebenen Daten gelten für die männliche Jugend. Bei Mädchen verschieben sich die Zeiten wie folgt: spätes Kindesalter 9 ; 0—10 ; 6; Vorpubertät 10 ; 6—13 ; 0; Pubertät 13 ; 0—15 ; 6; Jugendkrise 15 ; 6—16 ; 6; Adoleszenz 16 ; 6—20 ; 0.
24.	

«Leitern» liefern auch viele Elternbeilagen und -zeitschriften. Je «wissenschaftlicher» sich das gibt, desto gefährlicher kann es werden. Was werden da doch für Leitern aufgestellt! Hier ein paar völlig wahllos herausgegriffene Beispiele:

Die Entwicklung

Die ersten Regungen, das erste Lächeln, die Entdeckung seiner Welt sind Wegweiser zur Seele des Kindes. Was Sie heute mit ihm erleben, wird Ihnen und Ihrem Kind in späteren Jahren noch manche Freude bereiten.

		Wochen:
Kopf in Richtung Stimme gedreht am	mit	
zum ersten Mal gelächelt am	mit	
hielt bäuchlings liegend Kopf hoch	mit	
Gegenstand gepackt am	mit	
sich erstmals aufgerichtet am	mit	
selbständig aufgesessen am	mit	
sich zum Stehen hochgezogen am	mit	
die ersten Schritte versucht am	mit	
das erste Wort gesprochen am	mit	

So wird Ihr Kind sich entwickeln

Jedes Kind entwickelt sich nach seinem eigenen «Fahrplan»; einige sind sehr «früh», andere sehr «spät», ohne dass Sie sich deswegen Gedanken zu machen brauchen. Abweichungen von den folgenden Anhaltspunkten sind daher häufig. Fragen Sie im Zweifel Ihren Kinderarzt.

Geburt: Bestimmte Reflexe, wie Umklammerungs-, Greif-, Saug-, Schluck-, Laufreflexe usw. sind vorhanden. Diese Primitivreflexe werden später wieder verschwinden. Das Kind kann Geräusch- und Lichteindrücke (hell/dunkel) wahrnehmen. Unkoordinierte Bewegung der Arme und Beine.

14 Tage: Gegenstände werden ruhig und lange betrachtet.

4 Wochen: Die ersten Tränchen. Wird aufmerksam oder beruhigt sich, wenn Sie mit ihm sprechen oder ein Liedchen singen. Es beginnt, den Kopf aus der Bauchlage zu heben.

5 Wochen: Fixieren eines Gegenstandes mit beiden Augen. Kann in Bauchlage den angehobenen Kopf nach beiden Seiten drehen.

6 Wochen: Erstes Lächeln; es folgt Ihnen mit den Augen.

9 Wochen: Es erkennt Sie und lacht Sie an. Gibt allerlei Laute von sich. Hält leichtes Spielzeug mit vier Fingern (ohne Daumen).

8 bis 10 Wochen: Es kann seinen Kopf in Bauchlage kurze Zeit frei aufrecht halten.

3 Monate: Der Kopf wird in aufrechter Haltung frei getragen. Deutlicheres Zusammenspiel von Auge und Hand. Entdeckt seine Händchen und spielt mit ihnen. Interessiert sich für seine Umwelt, versucht jeden Gegenstand in den Mund zu nehmen. Wendet den Kopf einem Geräusch zu erkennt seine Flasche.

4 Monate: In Bauchlage kann sich das Kind auf die gestreckten Arme erheben. Hebt den Kopf aus der Rückenlage. Halten Sie es unter den Achseln, so fängt es an, seine Beinchen zu strecken. Reagiert deutlich auf alle Sinneseindrücke. Greift nach Gegenständen, spielt längere Zeit einhändig mit Spielzeug. Klatscht in die Hände. Fängt an, Laute «nachzuahmen».

5 Monate: Es versucht selber aufzusitzen. Dreht sich vom Bauch auf den Rücken und später vom Rücken auf den Bauch. Interessiert sich sehr für seine Umwelt. Greift bewusst nach Gegenständen. Entdeckt seine Füsse, steckt die Zehe in den Mund. Spielt zweihändig. Seine lallenden Laute werden differenzierter.

6 Monate: Will alles mit beiden Händchen halten und untersuchen. Greift nach der Milchflasche. Spielt gerne mit einem lärmmachenden Gegenstand. Sitzt zufrieden in einem Stühlchen. Jetzt kommen die ersten zwei Zähnchen.

7 Monate: Sein Bewegungsdrang ist gross. Das Kriechen wird geübt. Im Laufgitter beginnt es wackelig zu stehen, hat manchmal Mühe, sich allein zu setzen. Reden Sie viel mit Ihrem Kindlein, aber in der Erwachsenensprache. Erkennt Vater und Mutter bereits, wenn sie ins Zimmer treten. Fängt vielleicht an zu «fremden».

9 Monate: Das Kleine zieht sich am Laufgitter hoch. Es kann Becher oder Tasse schon mit den eigenen Händen halten und versucht, daraus zu trinken.

10 Monate: Probiert mit Daumen und Zeigefinger kleine Dinge zu erfassen. Beginnt «um die Ecke» zu gucken. Spiele wie «gugus-dada» usw. sind beliebt. Es führt lebhafte «Gespräche» mit Ihnen. Kriecht und krabbelt viel.

11 Monate: Es steht, wenn es sich halten kann. Plappert vor sich hin: «Mama, Papa, dada». Dreht sich im Sitzen um sich selbst.

12 Monate: Es steht frei und tut die ersten selbständigen Schritte dem Laufgitter entlang. Winkt «adieu». Hört auf seinen Namen.

Was Ihr Kind im ersten Lebensjahr nicht zu können braucht: sprechen, gehen, selber mit dem Löffel essen, freundlich zu Fremden sein, sauber sein – gerade hier nicht drängen. Oft sind Kinder erst zwischen dem 2. und 3. Lebensjahr sauber. (Bis 4 Jahre «nässen» liegt noch in der Norm!)

So testen Sie die Sehkraft bei einem Zweijährigen: Halten Sie bei guter Beleuchtung das ELTERN-Heft 50 Zentimeter vom Kind entfernt und zeigen Sie auf eine der abgebildeten Figuren. Das Kind hält mit einer Tasse oder mit der hohlen Hand mal das eine, mal das andere Auge zu (ohne darauf zu drücken!) und nennt die Zeichnung, auf die Sie zeigen. Kann es mit einem der beiden Augen die Figuren nicht erkennen, sollten Sie einen Augenarzt zu Rate ziehen. 5- bis 6jährige müssen die Figuren auch aus einem Meter Entfernung noch erkennen können.

Da Menschen eben nicht aus Legosteinen nach Vorlage zusammengebaut werden, wird es umso mehr «Abweichungen» geben, je mehr Leitern aufgestellt werden. Eltern werden solche Abweichungen feststellen. Sie werden die Angst wieder spüren: Wenn «es» nun wirklich nicht «käme»? Und nach dem Motto: «Wenn ich schon ein Loch in der Hose habe, so jodle ich nicht noch laut», werden sie dafür sorgen, dass ihre Kinder wenigstens in anderen Bereichen nicht auffallen. Die Zahnrädchenschleiferei beginnt.

Zahnrädchenschleiferei auch später in der Schule: Das Lehrbuch, aus dem die auf Seite 38 ff gebrachten Beispiele stammen, wird in der Ausbildung von Lehrern, Kindergärtnerinnen u.ä. verwendet. Es bildet, zusammen mit den aufgeführten Standardwerken, gewissermassen den wissenschaftlichen Hintergrund für die Durchsetzung pädagogischer Ziele. Und für die Lehrpläne, die ebenfalls dem Lehrer in die Hand gedrückt werden, deren Einhaltung aber noch von den vorgesetzten Stellen kontrolliert wird.

Kinder, die dem vorgezeichneten Bild nicht entsprechen, sind «auffällig», «verhaltensgestört», «spätentwickelt», «haben das Lehrziel nicht erreicht» – je nachdem. Qualitätskontrolle in der Zahnrädchenschleiferei.

Martin zum Beispiel. Der war in der Schule immer wie abwesend. «Ein Träumer», sagte die Lehrerin, sie liess ihm Zeit. Aber sie konnte ihn schliesslich doch nicht weiter mitschleppen. Also musste sie ihn repetieren lassen.

Die neue Lehrerin hatte einen etwas strafferen Schulbetrieb. Martin fiel dort sofort in mancher Hinsicht auf: «schlampig, unordentlich, unkonzentriert», so etwa lauteten ihre Bewertungen. Sie wies Martin in die «Sonderklasse für Schwachbegabte» ein. Zum Glück war auch die Amtsführung der örtlichen Schulpflege mindestens teilweise «schlampig, unordentlich, unkonzentriert». So kam es, dass Martin trotz erfolgtem Beschluss auf Einweisung in die Sonderklasse völlig zufällig wieder in die Normalklasse geriet, die er repetieren sollte. Der Lehrer dieser Klasse liess ihn auf Zusehen hin drin und merkte bald, dass die Sonderklasse völlig fehl am Platz gewesen wäre. Martin verbrachte drei glückliche Schuljahre. Aber am Ende der sechsten Klasse stellte sich wieder das gleiche Problem: Er war älter als alle anderen Schüler, aber er war immer noch der Träumer, als den ihn seine Erstklass-Lehrerin bezeichnet hatte.

So wurde er schliesslich meiner Sonderklasse zugewiesen, wo sich Probleme wie Lehrplan, Träumen, Alter und so weiter gar nicht mehr stellten.

Nach der Sonderklasse machte er eine Lehre als Bäcker-Konditor. Schwierigkeiten in der Gewerbeschule hatte er überhaupt nie, die Abschlussprüfung bedeutete ebenfalls kein

Problem. Nachdem er fast drei Jahre auf seinem Beruf gearbeitet hat, will er jetzt etwas tun, das ihn auch geistig mehr in Anspruch nimmt. Er arbeitet an der Matura, konzentriert, wach, offen für alles Neue. Ich selber war in meiner Mittelschulzeit weit stumpfer, einseitiger, braver. Aber ich bin ja auch nie beinahe in der Sonderschule gelandet.

Dieser Martin hat sich einfach nicht so entwickelt, wie der Lehrplan der Volksschulen im Kanton Zürich behauptet, dass sich «der Mensch» entwickle.

Oder Paul. Der ist über 16jährig, wirkt aber wie ein Viertklässler. Wie ein sehr, sehr lebendiger Viertklässler allerdings, aber «gelernt» im herkömmlichen Sinn hat er bis jetzt nichts. Ich habe lange Zeit Mühe mit seinen Eltern gehabt: «Lasst doch den Buben in Ruhe; der entwickelt sich schon.» Die Eltern waren besorgt. Ich verstehe das sehr gut. Die Angst war deutlich spürbar: «Was, wenn er sich nicht entwickelt?» Aber jetzt beginnt er sich zu entwickeln – in jeder Hinsicht. Er hat sich zum Beispiel immer standhaft geweigert, lesen zu lernen. Seit etwa einem halben Jahr liest er mit Begeisterung – Comics, wie sie bei uns in der «Schule» herumliegen. Sie sind der Schrecken manches ernsthaften Pädagogen. Und was da bei uns herumliegt, ist tatsächlich nicht über jeden Zweifel erhaben. Aber er liest. Ich sehe es mit heimlichem Vergnügen, lasse mir überhaupt nichts anmerken und beantworte nur seine Fragen.

Was, wenn er auch in der Sonderklasse «nicht haltbar» gewesen wäre? Auch dort «die minimen schulischen Anforderungen nicht erfüllt» hätte? Wieviele Kinder werden eigentlich auf einer frühen Entwicklungsstufe fixiert, nur weil ihre Entwicklung vom gängigen «Leiterli» abweicht? Ich darf nicht daran denken.

Nein, die Menschen müssen mindestens mit der Toleranz rechnen können, die den Zimmerlinden entgegengebracht wird. Es ist auch jede Entwicklung nur aus sich selbst heraus verstehbar. Wenn zum Beispiel ein Zwanzigjähriger noch nie mit einer Frau zusammen im Bett war, so kann das tatsächlich bedeuten, dass er durch eine strenge Erziehung hoffnungslos verklemmt ist. Es kann aber auch ganz einfach so sein, dass er von seiner Entwicklung her mit ganz anderen Problemen beschäftigt war. Ich habe sehr viele solche Menschen kennengelernt.

Wenn man derartige Gedanken äussert, kommt man oft völlig zwischen Stuhl und Bank zu sitzen. «Liberales Gequatsche», sagen die einen, «anti-autoritäre, sozialistische Gleichmacherei» die andern. Offenbar ist auch in diesem Bereich das Bedürfnis nach Stützkorsetts gross.

«Rennbahnen»

In der Primarschule hatte ich einen Klassenkameraden, der so ziemlich in sämtlichen Schulfächern grosse Mühe hatte. Deswegen gab es auch des öftern Schwierigkeiten mit dem Lehrer. Wir alle wussten aber, dass er ein sehr begabter Musiker war. Nur – bei den meisten von uns galt das nicht sonderlich viel. Die mit den besseren Schulleistungen und die guten Fussballer standen im Ansehen weit höher. Ich weiss nicht, wie oft und von wievielen wohlmeinenden Leuten er zu hören bekam: «Deine Musik – gut. Aber mein Gott, von irgend etwas musst du später auch leben können.» Aber ich weiss genau, dass er unter all dem unsäglich gelitten hat.

Er unternahm später noch einige vergebliche Anstrengungen, um auf schulischem Gebiet weiterzukommen. Schliesslich gab er es auf und verlegte sich ganz auf die Musik. Heute ist er eine der hervorragenden Gestalten in der Schweizer Musiklandschaft. Leben kann er davon weiss Gott, und von seinen Schwierigkeiten in den allgemein anerkannten Schulfächern dürfte kaum viel übriggeblieben sein – ausser der sehr unangenehmen Erinnerung an eine äusserst unglückliche Schulzeit.

Was wäre geschehen, wenn seine Eltern nicht eingewilligt hätten, dass er Musik studierte, ohne vorher einen «ordentlichen» Beruf erlernt zu haben? War es unbedingt notwendig, dass er eine unglückliche Schulzeit verbrachte? Wieso kann er jetzt auf einmal lesen, rechnen, schreiben und auch sonst alles, weswegen man ihn so vergeblich gequält hat?

Es gibt in der Schule ein paar Gebiete, von denen es heisst: «Hier interessiert es uns (Eltern, Lehrer usw.), was du kannst. Alles andere ist nicht so wichtig.» Der Lateiner nennt solche Gebiete «curricula», Einzahl «curriculum», ein Begriff, der plötzlich in den letzten Jahren in der Pädagogik aufgetaucht ist. Nennen wir das Kind beim deutschen Namen: «Rennbahn». Solche Rennbahnen sind vorgezeichnet: Sprachen lernen, Mathematik, Physik usw. Uninteressant sind Musik, Malerei o.ä. – wie Tanzen neben dieser Rennbahn.

Man mag einwenden, das stimme überhaupt nicht, es gebe in der Schule auch Fächer wie Zeichnen, Singen, Turnen, wo sich die Schüler wieder «erholten». Das ist aber blosse Augenwischerei. Ich habe noch nie erlebt, dass es beim Übertritt in die Sekundarschule geheissen hätte: «Er ist zwar im Rechnen knapp genügend, in der Sprache eher schlecht, aber er zeichnet wunderbar – wir nehmen ihn auf.»

Das ist aber nicht nur ein Problem der Schule. In vielen Familien gibt es heimliche «curricula»; Eigenschaften, Fähigkeiten, Interessen, die eben in dieser Familie etwas gelten, und andere, die – möglicherweise auch nur in dieser Familie – völlig «daneben» sind. Ich habe erlebt, wie Markus eine selbstgebaute, wunderschöne Marionette aus der Schule nach Hause brachte, die dann von der Mutter weggeworfen wurde. Es braucht aber nicht immer so drastisch zuzugehen. Wie oft machen Kinder etwas (nicht nur in der Schule), für das die Eltern ganz einfach kein Verständnis haben und dies dann auch deutlich bekunden: «Du würdest besser lernen, als solchen Unsinn zu treiben.»

Es gibt in jeder Gesellschaft, in jeder Dorfgemeinschaft, in jeder Nachbarschaft, in jeder Gesellschaftsschicht, in jeder Familie Fähigkeiten, Interessen, Neigungen, Fertigkeiten, die mehr in Ansehen stehen als andere, und die Kinder werden rechtzeitig auf sie eingespurt. Manche Kinder überstehen das offenbar schadlos, andere gehen daran fast zugrunde. Die traurigsten Beispiele sind wohl homosexuelle Kinder, deren Probleme in ihrer Umgebung nicht auf Verständnis stossen – oder auf ein scheinbar grosszügiges «ach wir sind ja so tolerant». Es gibt aber Tausende andere. Ich bin zudem nicht ganz so sicher, ob die «Unbeschädigten» das alles wirklich so problemlos überstehen. Wie viele Begabungen, Interessen, Neigungen, die einen Menschen menschlicher oder glücklicher machen könnten, bleiben einfach liegen – zum Schaden des Betreffenden.

Ein «harmloses» Beispiel: Ich habe einen über 40jährigen Familienvater erlebt, der zu seiner grössten Freude entdeckte, dass er ja zeichnen kann. Er sagte: «Und ich habe immer geglaubt, dass ich das nicht kann. Das hat man mir zu Hause gesagt und später in der Schule. Aber jetzt macht es richtig Spass.»[3]

Das Zahnrädchenschleifen vollzieht sich normalerweise in einem Zusammenwirken von «Leitern» und «Rennbahnen».

Marcel, zum Beispiel. Der ist einer der sensibelsten Menschen, die ich überhaupt kenne. Er ist innerlich sehr wach, reagiert auf feine, kaum spürbare Stimmungsschwankungen in seiner Umgebung. Wenn man ihn zum ersten Mal sieht, tippt man auf einen Mittelschüler. Aber er hat Angst. Er traut sich sehr wenig zu, überall sieht er Schwierigkeiten. In der Schule tat er sich kaum sonderlich hervor. Seine Schulleistungen waren ganz leicht unterdurchschnittlich. Nicht dass er als Schulversager aufgefallen wäre. Er lief einfach mit. Gerade deshalb blieben viele seiner Möglichkeiten unentwickelt, die eine nachdrückliche Förderung gebraucht hätten. Weil er so ängstlich war, fiel er in der Klasse auch nicht auf. Deshalb blieb auch seine depressive Haltung unbemerkt; denn die Lehrer meldeten eher die aggressiven, weil gesünderen Kinder beim Schulpsychologen an.

In der 6. Klasse wurde es klar, dass er die Sekundarschule nicht schaffen würde. Diese wäre seiner ausgesprochen intellektuellen Art am ehesten angemessen gewesen. Er hätte «geistiges Futter» gebraucht, um gefördert zu werden. Aber dazu war er nicht «weit» genug. Er kam in die Realschule. Grosse Probleme gab es auch dort nicht. Er färbte brav Arbeitsblätter über Asien an, stand in der Metall- und Hobelwerkstätte usw. Er wurde zwar eher depressiver, seine Schulleistungen blieben auch dort leicht unter dem Durchschnitt, aber er fiel in

Anm. 3:
s. Anm. 1(S. 33)

keiner Weise auf. Nach der Realschule begann er eine Automechanikerlehre, die er soweit problemlos absolvierte, für
die er sich aber nicht im geringsten eignete. Die Arbeit ödete
ihn an, in der Gewerbeschule war er immer nur knapp genügend, obschon die Anforderungen weit unter seinen Möglichkeiten lagen. Besser müsste man sagen: Das alles lag nicht
weit *unter,* das lag vor allem weit *neben* seinen Möglichkeiten. Ganze Teile seiner Persönlichkeit blieben völlig unentwickelt und ungefördert.

Schliesslich begann er gegen Ende der Lehrzeit Drogen zu
sich zu nehmen – zuerst leichte, dann immer härtere. Nach
der Lehre gab er seinen Beruf sofort auf. Er hatte ihn überhaupt nicht gemocht, er war ja in ihn richtig hineingerutscht.
Er nahm irgendeinen Hilfsarbeiterposten an, um sich in aus-
reichendem Masse mit Drogen versorgen zu können. Und
weil dieser Job (er führt ihn vorläufig noch zuverlässig aus)
ihn noch weit weniger fordert als seine Automechanikerlehre,
ist er zunehmend auf Drogen angewiesen. Ich habe keine Ah-
nung, wie das alles enden soll.

Nach den Beobachtungen, die ich im Zürcher Unterland gemacht habe, muss es im Kanton Zürich Hunderte solcher Jugendlicher geben.

Was für die «Leitern» gilt, gilt auch hier: Es sind ja vorwiegend Erwachsene, die die Kinder auf diese «Rennbahnen»
drängen – Eltern, Lehrer, Lehrmeister usw. Dies aber nicht
aus Brutalität, Sadismus oder Stumpfheit. Der Grund ist wieder
die Angst, die Angst, das Kind könnte sich falsch entwickeln,
lebensuntüchtig werden, seinen Lebensunterhalt nicht be-
streiten können usw.

Sich vom Kind nicht tyrannisieren lassen

Wenn ein Kind auf die Welt kommt, gibt es immer wohlmeinende Menschen, die den jungen Eltern mit guten Ratschlägen zur Seite stehen. Die allerwohlmeinendsten sind wahrscheinlich die Werbeberater der Nahrungsmittelfirmen, die in solchen Fällen mit schöner Regelmässigkeit zuschlagen. Da flattern Heftlein ins Haus, um den Absatz von irgendwelchen, die Muttermilch selbstverständlich weit übertreffenden Säuglingsnährprodukten zu fördern. Die Säuglingsschwester Emma oder der Dr. med. Fritz Mehlpapp geben heisse Tips für die Brutpflege. Hier ein völlig wahllos herausgegriffenes Beispiel:[4]

«Wie kann man verzogene Kinder umgewöhnen?»

«Je früher man sich an die Lösung dieses Problems heranwagt, desto leichter wird man damit fertig. Aber es braucht eine Menge Willenskraft und, für die Dauer dieser Erziehungsperiode, nicht allzuviel Mitleid. Um Mut zu fassen, mache man sich nur klar, dass es für das Kind selbst schlimmer ist als für die Mutter, wenn es in unvernünftiger Weise verzogen wird und uferlos Ansprüche stellen darf. Es wird das rechte Mass sich selbst und der Welt gegenüber verlieren. Wenn man also mit einer strengeren Erziehung beginnt, ist es nur zum Besten des Kindes.

Anm. 4:
Das Zitat ist aber nicht etwa ein Originalbeitrag des Mehlpapp-Blättleins. Es stammt aus einem sehr bekannten Buch eines sehr bekannten amerikanischen Kinderarztes.

Am klügsten ist es, man macht sich einen festen Plan (wenn nötig sogar schriftlich), der einen den grössten Teil der Zeit, während der das Baby wach ist, mit Hausarbeit oder anderen Dingen beschäftigt. Man gehe mit viel Elan an die Arbeit – das macht dem Baby Eindruck und einem selbst auch. Wenn es unzufrieden ist, wenn es ein Protestgeschrei anstimmt und seine Ärmchen hebt, erkläre man dem Baby mit freundlicher, aber fester Stimme, dass man zu tun habe und es nun artig sein müsse. Obwohl es die Worte nicht begreift, wird es den Ton der Stimme verstehen. Man lasse sich nicht erweichen, sondern bleibe bei seiner Arbeit.

Während der ersten Stunden am ersten Tag der pädagogischen Bemühungen ist es am schwersten. Das eine Baby wird die veränderte Situation eher akzeptieren, wenn es seine Mutter nicht sieht und ihre Stimme nicht hört. Es wird sich dann unter Umständen mit etwas anderem beschäftigen. Ein anderes Baby wieder stellt sich leichter um, wenn es wenigstens ein Zipfelchen von der Mama sieht und ihre Stimme vernimmt, auch wenn sie es nun nicht mehr auf den Arm nimmt.

Wenn die Mutter ihm ein Spielzeug bringt und ihm zeigt, wie es damit umzugehen hat, oder wenn sie beschlossen hat, zur Belohnung für das Bravsein noch ein paar Minuten mit ihm zu spielen, sollte sie sich neben das Kind setzen, ob es nun im Körbchen oder im Bettchen liegt oder ob es im Laufgitter herumkrabbelt. Auf keinen Fall darf sie die alte Gewohnheit, das Baby auf den Arm zu nehmen und herumzutragen, wieder aufnehmen. Es würde, wenn es ins Bettchen zurückgelegt wird, sofort kräftig protestieren.

Wenn man befürchtet, dass das Gebrüll, das man wohl oder übel einige Tage in Kauf nehmen muss, die anderen Kinder oder gar die Nachbarn stört, kann man den Lärm etwas abdämpfen, indem man eine Decke vors Fenster hängt und Teppiche oder Läufer auf den Fussboden legt. Sie absorbieren erstaunlich viel Geräusche. Manchmal empfiehlt es sich, lärmempfindlichen Nachbarn vorher Bescheid zu sagen und ihnen zu erklären, dass ihre Ruhe nur für ein paar Nächte gestört werde. Wenn man ihnen den Fall ruhig darlegt, werden sie einsehen, dass das Baby kuriert werden muss.»

Den Ratschlag «Lasst Euch nicht tyrannisieren!» kann man häufig hören – von Nachbarn, erfahrenen Eltern, Kinderärzten, Schwestern usw. Das klingt alles sehr vernünftig. Aber daneben sind Tausende von Menschen, die in ihrer frühesten Kindheit ganz schwer geschädigt worden sind – gerade *weil* ihre Mutter zuwenig auf ihre Bedürfnisse eingegangen ist. Es gibt auch Beobachtungen, die zeigen, wie prächtig sich ein Kind entwickeln kann, wenn die Mutter wirklich auf es eingeht. Und da gibt es schliesslich die Aussage von Psychoanalytikern: «Allfällige seelische Schädigungen, die durch Verwöhnung entstanden sind, sind viel leichter therapeutisch korrigierbar als solche, die auf zuwenig Zuwendung zurückgehen.»

Es muss grässlich sein für ein Kleinkind, nachts aufzuwachen und allein zu sein, Angst zu haben. «Lasst Euch nicht tyrannisieren», mit solchen pseudopsychologischen Sprüchen nimmt man den jungen Eltern höchstens den Mut, sich gefühlsmässig ganz auf ihr Kind einzustellen. Und das wäre für die seelische Entfaltung des Kindes sehr wichtig. Martin Buber hat in seiner schwungvollen, fast hymnischen Sprache einmal geschrieben: «Ich habe auf das Kind hingewiesen, das, halbgeschlossener Augen daliegend, der Ansprache der Mutter entgegenharrt. Aber manche Kinder brauchen nicht zu harren: weil sie sich unablässig angesprochen wissen, in einer nie abreissenden Zwiesprache. Im Angesicht der einsamen

Nacht, die einzudringen droht, liegen sie bewahrt und behütet, unverwundbar, im silbernen Panzerhemd des Vertrauens.

Vertrauen, Vertrauen zur Welt, weil es diesen Menschen gibt – das ist das innerlichste Werk des erzieherischen Verhältnisses. Weil es diesen Menschen gibt, kann der Widersinn nicht die wahre Wahrheit sein, so hart er einen bedrängt. Weil es diesen Menschen gibt, ist gewiss in der Finsternis das Licht, im Schrecken das Heil und in der Stumpfheit der Mitlebenden die grosse Liebe verborgen.»[5]

Genau dieses Vertrauen kann kaum zustande kommen, wenn die Eltern kühl auf Distanz gehen: «Wir dürfen uns nicht tyrannisieren lassen.» Es dürfte tausendmal schwieriger sein, später dieses Vertrauen aufzubauen.

Natürlich verstehe ich die Angst: «Wir wollen unsere Kinder nicht verwöhnen.» Oder wie es ein Schulpräsident unter beifälligem Kopfnicken seiner sieben Aufrechten formulierte:

«Man kann auch ,zu lieb' sein.» Ein Einwand, der mich allerdings regelmässig wütend macht. Was heisst «zu lieb» in einer Welt, in der Menschen umgebracht werden, in der Menschen andere Menschen verhungern lassen, in der bei uns Tausende unter der Gleichgültigkeit ihrer Umwelt fast zugrunde gehen?

Anm. 5:
Aus: M.Buber: Rede über das Erzieherische, Heidelberg 1953.

Keine Zärtlichkeit

Eng damit verbunden ist ein anderes Problem: Die meisten Menschen wachsen auf mit einem riesigen Defizit an Zärtlichkeit, an Geborgenheit, an Zuwendung. Wie oft treffe ich Menschen, bei denen ich den sich immer mehr verfestigenden Eindruck habe: Der ist ganz einfach zuwenig gestreichelt worden. Das Gesicht, die Körperhaltung, die Sprache – alles deutet darauf hin.

Auch in den Beziehungen vieler Menschen untereinander ist dieser Mangel an Zärtlichkeit festzustellen, und unzählige Menschen leiden darunter. Ein Beispiel aus dem Brief, den ich schon am Anfang zitiert habe: «Nie konnte ich mich eigentlich entfalten. Ich wurde so richtig abgewürgt. Und dass kein Kind sich entfalten kann, das immer nur Angst aussteht, brauche ich Ihnen wohl am allerwenigsten zu sagen. Da mich mein Beruf als Telefonistin, den ich schon seit zehn Jahren ausübe, nicht mehr befriedigt, möchte ich gerne etwas anderes tun. Manchmal habe ich den Eindruck, dass ich es im Geschäft mehr mit seelenlosen Automaten zu tun habe, als mit lebenden Menschen. Und dieser Leistungsdruck, und die giftigen, gehässigen Umgangsformen! In diesem Beruf bekomme ich das natürlich erst recht zu spüren. Da man ja die ‹Telefonumsle› nicht sieht, kann man sie auch wie einen Blitzableiter behandeln. Wenn dann einmal jemand zu uns ins Büro kommt, um ein wenig zu plaudern, gibt es meistens nur ein Thema: Sex. Und wie da vulgär gesprochen wird. Na ja, sehr wahrscheinlich sind diese Leute eben – angepasst. Und wenn man das nicht ist, gilt man als schwierig und eigenbrötlerisch.»

Ein anderes Beispiel: Gerald durfte in den Ferien mit mir nach Österreich fahren. Dort entschloss er sich, seiner Mutter (Vater hat er keinen mehr) eine Doppelliterflasche Wein mit nach Hause zu bringen. Er überlegte sich lange, welcher Wein seiner Mutter wohl am besten schmecken würde, entschloss sich schliesslich für eine Wachauer Sorte, die er direkt beim Bauern kaufte. Er hielt während der ganzen Heimfahrt ein wachsames Auge auf die Flasche. Er sprach auch mehrmals darüber, ob der Wein wohl auch wirklich der richtige sei. Zuhause sagte die Mutter nur: «Du hättest mir gescheiter einen Stroh-Rum mitgebracht.»[6]

Aber auch in unzähligen anderen Bereichen ist ein erschreckender Mangel an Zärtlichkeit festzustellen. Man schaue sich zum Beispiel die Kinderspielanlagen verschiedener Wohnquartiere an. Wie lieblos sind da oft einfach ein paar Betonröhren in einen Drahtkäfig geknallt. Diese Lieblosigkeit wird höchstens noch durch die Architektur der darum herumstehenden Wohnblocks übertroffen.

Man kann auch mit Worten streicheln, mit der Art, wie man Kindern oder überhaupt andern Menschen den Lebensraum einrichtet usw. Aber: Menschen, die selber zuwenig gestreichelt worden sind, können auch nicht streicheln.

Anm. 6:
Der «Stroh-Rum» ist ein vorwiegend für die deutschen Urlauber hergestelltes 80prozentiges Gesöff, das an Österreichs Grenzen an jeder zweiten Tankstelle zu kaufen ist.

Keine Gefühle zeigen

Das alles hängt offenbar auch damit zusammen, dass in dieser ganzen Zahnrädchengesellschaft Gefühle unerwünscht sind. Gefühle sind irgendwie peinlich, wie Körpergeruch oder Rülpsen. Also müssen die Kinder schon von klein auf lernen, Gefühle zu unterdrücken.

«Aber ein starker Bub wie du weint doch nicht!» Fast jeder Knabe bekommt das so lange zu hören, bis er schliesslich nur noch nachts heimlich weint oder sich das Weinen ganz abgewöhnt hat. Und wenn ein Mädchen fröhlich, ausgelassen ist, heisst es bald einmal: «An dir ist ein Bub verloren gegangen.» So gewöhnt man die Kinder frühzeitig daran, ihr Eigenstes, ihre Gefühle, als etwas Unangemessenes zu empfinden – als etwas, mit dem man sich höchstens blamiert, und das man am besten gar nicht erst aufkommen lässt.

Wenn das lange genug so zugeht (und das geht in der Regel ein Leben lang so zu), so entsteht schliesslich ein Mensch, der seine Gefühle vor sich selbst und vor seiner Umwelt verleugnet; der sie ganz tief in sich selbst vergraben hat oder bei dem sie völlig verkümmert sind. Auf diesem Gefühlsfriedhof wachsen dann Pseudogefühle, Regungen, die viele Menschen dann mit Gefühlen verwechseln. «Mancher glaubt, er habe ein gutes Herz, und dabei hat er bloss schwache Nerven.» (Volksmund)

Eines der drastischsten Beispiele habe ich bei einem Schüler erlebt. Der konnte Gefühle gar nicht mehr anders als mit Schlagertexten ausdrücken. Weinen konnte er nur, wenn er völlig besoffen war, und auch dann nur ganz verkrampft. Einmal sagte er: «Weisst du, wenn ein Mensch zu mir sagt, dass er mich gern hat, dann höre ich das zwar, ich kann aber

61

damit überhaupt nichts anfangen. Genausowenig, wie ich weiss, was es heisst, selber jemanden gern zu haben.»

Einmal sassen wir zu viert an einem Herbstabend in der «Hölle», einem alten vergammelten Weingut am Neusiedlersee in Österreich, draussen im Garten unter alten Birken, und schauten der untergehenden Sonne zu. Der erwähnte Schüler sass bei uns und las Jerry Cotton. Niemand sprach ein Wort. Als die Sonne endgültig untergegangen war, brach eine Kollegin das Schweigen: «Das war jetzt wunderschön.» Da sagte mein Schüler: «Aber hast du den Film (der Titel ist mir entfallen) gesehen? Dort hat es auch einen irrsinnigen Sonnenuntergang drin.»

Viele Menschen führen so ein «Plastikleben». Sie leben gar nicht, sie geben sich mit Surrogaten zufrieden. Sie verpflegen sich gewissermassen pausenlos aus Konservenbüchsen.

Dieser Gefühlsfriedhof kann natürlich abgeerntet werden. Den Leuten wird zur Befriedigung ihrer Bedürfnisse so allerhand verkauft. Und genauso, wie man Büchsenspinat tatsächlich mit frischem Spinat verwechseln kann, wenn man selten genug frischen bekommt, verwechseln sie dann die Surrogate mit dem Eigentlichen, den spärlichen Resten von Gefühlen. Sie meinen Gemütlichkeit, Geborgenheit und erhalten Polstergarnituren. Sie meinen Appetit und erhalten irgendwelche exotischen Esswaren. Sie meinen Schlaf und erhalten aus der Wohnwand kippbare Lättlicouches. Sie meinen Partnerbeziehungen und erhalten irgendwelche wahnsinnigen Doppelbetten mit eingebauter Stereoanlage, Hausbar und Fernseher. Für all das bezahlen sie natürlich und halten so den Angebot-Nachfrage-Kreisel in Schwung. Eigentlich ist das Leichenfledderei.

Nicht zusammenhalten

In der Arbeit mit sogenannt «schwachbegabten» Kindern ist mir immer wieder aufgefallen, wie rasch die Eltern von ihren Kindern abrückten, wie sich die Eltern die negativen Beurteilungen durch die Umwelt zu eigen gemacht hatten, wie wenig diese Kinder auf Solidarität zählen konnten. Aber nicht nur Sonderschüler, unzählige andere junge Menschen erleiden genau dasselbe Los.

Demgegenüber habe ich Freunde, die zu berichten wissen: «Wenn wir uns nicht immer wieder vor unsere Kinder gestellt hätten, wenn wir nicht immer wieder auch gegenüber den Lehrern unsere Kinder unterstützt hätten, wären wahrscheinlich beide in der Sonderschule gelandet. Bei unserem Mädchen war das Einweisungsformular bereits geschrieben, aber wir haben uns dagegen gewehrt.» Dieses Mädchen ist heute Zahnärztin, der Sohn studiert Psychiatrie.

Ich will damit nicht zu einem allgemeinen Widerstand gegen die Schule oder gegen die Lehrer aufrufen. Aber ich will zeigen, wie ungeheuer wichtig es ist, dass Eltern zu ihren Kindern stehen – auch und gerade dann, wenn es Schwierigkeiten gibt. Hundebesitzer verteidigen in der Regel ihre Vierbeiner mit viel mehr Einsatz als Eltern ihre Kinder.

Warum schützen Eltern ihre Kinder nicht?

Sie wagen gar nicht mehr, zu ihnen zu stehen. Dies konnte ich vor allem bei Eltern «dummer», frecher oder sonst irgendwie auffälliger Kinder beobachten. Sie sind zu oft von allen möglichen Instanzen (Lehrer, Schulbehörden, Nachbarn usw.) darauf hingewiesen worden, dass etwas mit ihren Kindern (und möglicherweise auch mit ihnen – das steht ja immer unausgesprochen dahinter) nicht in Ordnung sei. Sie haben den Mut verloren – genau wie ihre Kinder. Zum andern haben sie längst gelernt, ihren eigenen Gefühlen zu misstrauen – auch den Gefühlen für ihre Kinder. So sind sie höchst unsicher, wenn sie sich auf die Seite ihrer Kinder stellen, ob sie wirklich das Richtige tun – und ob sie überhaupt das Recht dazu haben.

Damit aber nimmt man den Kindern etwas vom Wichtigsten, das sie für ihre Entwicklung brauchen: das Gefühl der Geborgenheit. Dies alles dürfte vielleicht der Grund sein, warum unzählige Menschen mit dem schrecklichsten Gefühl aufwachsen, das es wahrscheinlich überhaupt gibt: dem Gefühl, dass sich niemand so richtig um sie bekümmert, dass sie ihren Eltern vollkommen gleichgültig sind. Ich habe auch Kinder kennengelernt, die von ihren Eltern regelrecht gehasst wurden. Ich habe aber immer gefunden, dass diese besser dran sind, als diejenigen, die in einem grossen Beziehungsloch aufwachsen. Mit dem Hass können sie sich auseinandersetzen. Aber woran soll man sich reiben, wenn ganz einfach nur Gummiwände da sind?

Abstumpfung

Vor ein paar Jahren hatte ich ein Erlebnis, an das ich hin und wieder mit Schrecken zurückdenke. In einem vollbesetzten Kino schaute ich mir zusammen mit einem ehemaligen Schüler den Film «Frankenstein» von Andy Warhol an. Das Publikum war gelassen-erheitert. Aber ich merkte, wie meinem Schüler die gezeigten Grauslichkeiten zu schaffen machten. Schliesslich sagte er: «Mir ist schlecht; komm, wir gehen hinaus.» Wir zwängten uns durch die Reihen, und er öffnete die seitwärts angebrachte Notausgangstüre, welche offenbar direkt ins Freie führte. Durch die offene Türe fiel Tageslicht in den Raum, und alle Kinobesucher drehten die Köpfe. Genau in dem Augenblick brach mein Schüler ohnmächtig zusammen. Fast alle hatten es gesehen, und praktisch der ganze Saal – lachte lauthals. Unter dem brüllenden Gelächter des Publikums schleppte ich den grossen und kräftigen Schüler zur Tür hinaus. Kein Mensch half mir dabei. Wütend warf ich die Tür ins Schloss.

Was war da vorgefallen? Hatten lauter Unmenschen den Saal besetzt? Natürlich nicht. Diese Kinobesucher hatten ganz einfach auch ihre Schwierigkeiten mit den gezeigten Vorgängen. Sie konnten sich sagen: «Das ist alles popig-ironisch.» Aber so ganz half das offensichtlich nicht. Damit ihnen nicht auch schlecht wurde, mussten sie ihre Reizschwelle ganz hoch hinaufdrücken. So hoch hinauf, dass ein ohnmächtig Zusammenbrechender ganz einfach unterhalb dieser Reizschwelle zu liegen kam und nur noch zur allgemeinen Erheiterung beitrug.

Ähnliches geht in den meisten Menschen vor sich: Das Gefühl, den andern Menschen gleichgültig zu sein, erträgt niemand auf die Dauer. Er muss sich also abstumpfen – als Schmerzschutz, weil das alles viel zu weh tut. Diese Abstumpfung geschieht immer doppelt: sich selber und andern gegenüber.

Es entstehen so schliesslich Menschen, die das unbestimmte Gefühl haben: Es hat mich nie jemand gemocht, es hat sich nie jemand richtig für mich eingesetzt. Und die sich selber deshalb auch nicht leiden mögen. Aber das ist ihnen höchst unklar. So versuchen sie dann eben, sich selber zu verwöhnen, andere auf sich aufmerksam zu machen – das alles immer auf Kosten anderer. Wir nennen solche Menschen «Egoisten», was eigentlich völlig falsch ist, denn ein Egoist wäre doch ein Mensch, der nur sich selber gern hat. Aber diese Menschen haben sich selber eben nicht gern.

Konfliktlosigkeit anstreben

Es gibt – vor allem in den mittleren Schichten, aus denen die meisten von uns Bücherschreibern und -lesern ja herkommen – eine unausgesprochene «Ideologie der Konfliktlosigkeit». Sie lautet ungefähr so: Nur ein konfliktloses, ein makelloses Leben ist ein gutes Leben. Da aber das eigene Leben weder konflikt- noch makellos ist, es ja gar nicht sein kann, verliert es an Wert.

Diesen Vorgang hat Dario Fò in einem Theaterstück am Beispiel der Reklame dargestellt:[7]

«Giovanni. Da muss ich dir recht geben, was das Kino betrifft! Und wenn du da rauskommst und willst dich etwas entspannen, musst du an den Reklamewänden vorbei: Schon wieder Ärsche und Reklame für Büstenhalter, Ärsche und Brüste, die für Kugelschreiber Reklame machen oder für Zahnpasta und Schmelzkäse... Neben dir geht deine Frau... du schielst rüber: Die Haare nicht mit Eishampoo gewaschen, ‚Die duftende Allwetterfrisur!‘, keine lackierten Fingernägel, ‚Wie das strahlt!‘, kein gescheites Parfum, ‚Der Duft, der eine schöne Frau begleitet!‘ Sie trägt kein durchsichtiges

---

Anm. 7:
Dario Fò: «Bezahlt wird nicht», Berlin 1977.

Kleid mit Schmetterlingsflügeln! Die Brüste sind eben nur: rund... und hüpfen nicht einmal. Der Hintern ist nur ein Hintern... nicht etwa ein Arsch wie die im Kino, nichts zum Dranfassen! Die Beine sind leicht geschwollen, die Hände rissig, du schaust sie dir an, und langsam kriegst du Lust, sie in den nächsten Kanal zu stossen!»

Das durchzieht aber unser ganzes Leben. Als ich im Oberseminar war, hatte ich eine Stellvertretung an der Realschule einer Zürcher Vorortsgemeinde zu übernehmen. Es ging eigentlich ganz gut. Natürlich hatte ich alle nasenlang Schwierigkeiten – mit dem Stoff, mit der Disziplin, mit den Schülern überhaupt. Ich versuchte aber, mir davon im Gespräch mit Kollegen im Lehrerzimmer, mit Schülern und Eltern nichts anmerken zu lassen. Dies brauchte einen Grossteil meiner seelischen Energien. Den Rest konnte ich für die Bewältigung der erwähnten Schwierigkeiten einsetzen.

Im Zimmer nebenan amtete ebenfalls ein Stellvertreter, ein knapp 70jähriger Mann. Er hatte sein Leben lang Schule gehalten, im Militär war er Oberst gewesen. Wir plauderten von Zeit zu Zeit miteinander. Und dabei fielen mir zwei Dinge auf, die ihn von den etablierten Kollegen unterschieden: Wie freudig er von seiner Arbeit sprach, und wie offen er davon berichtete, dass diese Dritt-Realklasse ihm von Zeit zu Zeit ganz ordentliche disziplinarische Schwierigkeiten mache. Offenbar war er sicherer als ich und hatte es gar nicht nötig, seine Sicherheit zur Schau zu tragen. Ich hingegen blieb beim Schule-Halten dauernd hinter meinen Ansprüchen (und hinter dem, was ich gegenüber andern vorstellte) zurück und hatte so grosse Schwierigkeiten.

Es gibt ja, gottlob, überhaupt keine Makel- oder Konfliktlosigkeit, wo Menschen sind. Kein Mensch entspricht den Supermenschen auf den Plakatwänden. Kein Lehrer hält immer so Schule, wie wenn Schulbesuch da ist. Keine Eltern erziehen ihre Kinder immer so wie vor Besuchern. Die tun nur alle so.

Wenn man das nicht gemerkt hat, nimmt man immer nur die eigenen Konflikte, die eigenen Unvollkommenheiten wahr. Diese versucht man natürlich sofort zu verdecken, um sich der allgemeinen Vollkommenheit möglichst anzugleichen. Das hat drei Auswirkungen: Zum einen werden dazu Unmengen seelischer Energien verschleudert, zum andern sind so die Menschen, wie schon erwähnt, zunehmend von ihrer Wertlosigkeit überzeugt und führen einen lebenslangen Kampf gegen sich selber. Drittens: Wenn dann der Konflikt sich doch nicht mehr verdecken lässt, sind die Leute nicht darauf vorbereitet. Sie wissen nicht, wie man damit umgehen kann. Hilflosigkeit, Weinkrämpfe, Nervenzusammenbrüche, Magengeschwüre sind ein paar Folgen.

Man muss es erlebt haben, wie sich ein Lehrer quält, wenn er wirklich einmal Schwierigkeiten hat, wenn Eltern oder Schulpfleger reklamieren, wenn ein Schüler davonläuft – oder was weiss ich. Wie er kaum mehr schlafen oder essen kann, wie er im Lehrerzimmer von nichts anderem mehr spricht usw. In dieser Hinsicht hatte ich es besser. Mich hat meine Schulpflege in liebevoller Kleinarbeit abgehärtet.

Keine Abweichungen

Das Produkt der hier angedeuteten Entwicklung ist ein Mensch, der irgendwo (vielleicht völlig neben seinen eigenen

68

Möglichkeiten und Interessen) eingespurt ist, der seine Gefühle unterdrücken gelernt hat, der sich abgestumpft hat, der so von seiner eigenen Bedeutungslosigkeit überzeugt ist, dass er keine grossen Anstrengungen unternimmt, etwas an all dem zu ändern. Dafür aber spiegelt er Konfliktlosigkeit vor, entmutigt so zusätzlich seine Mitmenschen, wenn er sie nicht gefühlsmässig verletzt oder sonst irgendwie auf ihnen herumhackt. Kurz, ein Zahnrädchen, das zwar vielleicht glänzt, sich aber brav dreht, auch wenn das Drehen weh tut. Und weh tut es. Zuviel ist in den meisten Menschen kaputtgegangen. Und weil es so weh tut, ertragen es auch die meisten nicht, wenn man ihnen sagt, dass es weh tut. Sie ertragen keine Abweichung, keine abweichenden Meinungen, keine abweichenden Lebensauffassungen, keine abweichenden Lebensformen. Die eingangs festgestellte Verschiedenheit der Menschen wird als Bedrohung empfunden. Dabei spielt es überhaupt keine Rolle, ob es sich – um ein Stützkorsett zur Verdeutlichung zu Hilfe zu nehmen – um konservative oder progressive Menschen handelt, um Abweichungen nach links oder nach rechts. Wenn ich nach einem Chansonabend in einem Jugendhaus oder Kleintheater mit den, nehmen wir an, sanft angegammelten Veranstaltern noch etwas trinken gehe, so erntet ein zufällig mitgeschlepptes Krawattenmännlein etwa dieselben mitleidigt-amüsierten Blicke wie ein Freak in einem Kirchgemeindehaus.

Das ist allerdings ein sehr harmloses Beispiel. Es gibt ungleich härtere Arten der Auseinandersetzung mit «Abweichlern» als amüsierte Blicke. Das reicht über Diskussionen, bei denen man den Eindruck hat, es gehe nur darum, den anderen völlig in die Ecke zu drängen, über üble Nachreden, Verfemungen, Bespitzelungen bis zu den Konzentrationslagern. Da könnte jeder, der einer Minderheit angehört, viel erzählen.

Warum wird das Abweichende als Bedrohung empfunden?

Es ist schon mehrmals in diesem Kapitel davon die Rede gewesen: Der Grund dafür, dass Kinder im Laufe ihrer Erziehung auf «Leitern» und «Rennbahnen» festgelegt werden, dass sie ihre Gefühle unterdrücken müssen, dass sie sich allein fühlen, kurz: dass sie zu Zahnrädchen gemacht werden, ist nicht Bosheit oder Gleichgültigkeit ihrer Erzieher, sondern Angst. Die Angst, dass alles verkommt, wenn man nicht eingreift, nicht normiert. Den Normen wird mehr vertraut als dem Leben. So haben viele Menschen das Gefühl: Wenn der ganze Druck nicht wäre (Leistungsdruck, Zeugnisdruck usw.) täte der Mensch überhaupt nichts anderes als faulenzen. Ganz sicher weiss das zwar niemand, es bestehen sogar ziemlich sichere Anzeichen dafür, dass dem überhaupt nicht so ist. Aber dieses Misstrauen, diese Angst ist da.

Sie übertragen sich offenbar mit den Normen. Es sind ja im Grunde ängstliche Menschen, die diese Normen weitergeben. Sie sind ängstlich gemacht worden durch ihre Erziehung. Darum haben sie ja auch die Normen so nötig. Mir ist immer wieder aufgefallen: Je mehr Angst ein Vater, ein Lehrer, ein Pfarrer um sich verbreitet, desto ängstlicher ist er selbst im Grunde.

Werden nun solche Menschen mit abweichenden Auffassungen, Lebensformen usw. konfrontiert, so wird diese Angst bei ihnen angesprochen. Sie werden verunsichert in ihrem Stützkorsett, das zu erwerben so weh getan hat. Darauf reagieren sie meist auf zwei Arten:

Sie ziehen sich sofort auf ihre Normen zurück. Das kann ich sehr oft im Gespräch mit Lehrern erleben. Da kann es vorkommen, dass plötzlich mitten in einem Gespräch etwa ein

Sonderklassenlehrer sagt: «Ich meine, es gilt doch immer noch das, was uns Professor Hanselmann einmal gesagt hat: ... (dann folgt irgendein aus der Erinnerung geschöpftes Zitat) ...».

Zugleich wehren die meisten Menschen die Verunsicherung direkt ab. Sie lehnen einen Verunsicherer ab, verachten ihn heimlich oder offen, verunglimpfen ihn usw. Das bekommt jeder zu spüren, der nicht in die Normen einer bestimmten Gruppe passt.

Ich habe einen Schüler, der auf eine ziemlich auffällige Weise vergammelt ist. Ich sitze hin und wieder mit ihm zusammen in irgendeinem Restaurant. Und ich kenne mittlerweile die Blicke, die Gespräche an den Nebentischen ziemlich genau. Es sind ganz ähnliche Blicke, wie ich sie bekam, als ich noch der schlechteste Lehrer von Embrach war. Mein Schüler hat aber auch seine Kollegen. Die reagieren ganz ähnlich auf «Aussenseiter», nur gelten etwas andere Normen, zumindest was die Ansichten über Haarlänge, Kleidung und andere Wesentlichkeiten betrifft. Auch da spüren Menschen das Abweichende als Bedrohung und bekämpfen es.

Übrigens: Wer keine Abweichungen erträgt, eignet sich bestens zum Zahnrädchenschleifer. Denn es gibt keine typischeren «Abweichler» als noch relativ unerzogene Kinder. Der Kreis schliesst sich.

Zum Beispiel Vreni

Als ich mit sieben Jahren in die erste Klasse kam, war ich schon bevormundet und wohnte in einer Pflegefamilie, weil mein Vater, den ich nicht kannte, von meiner Mutter geschieden war. Sie selber ist sogenannt unzurechnungsfähig und musste damals wegen ihrer starken Depressionen in psychiatrische Kliniken gebracht werden. Sie hat sich bis heute kaum verändert, und man gibt ihr in St. Gallen wie in Zürich mehr Valium statt Gespräche und Wärme.

Ich wohnte also bei Pflegeeltern und meine Mutter im Heim. Sie kam mich zwei- bis dreimal im Jahr abholen für die Ferien, die ich bei ihr im Heim verbrachte. Ich war so glücklich, wenn meine Mutter kam, um mich zu holen, dass ich fast in Ohnmacht fiel, und sah jeweils mit Entsetzen wieder der Schule entgegen und suchte irgend etwas, was mich freuen würde bei der Ankunft, fand aber nichts und begann dann aus lauter Kummer an den lieben Gott zu glauben – denjenigen lieben Gott, der so lieb war, dass ich, wenn ich abends vergass zu beten oder keine Lust hatte, Schuldgefühle bekam und überzeugt war, dass er mich strafen würde, wenn ich das Bruchrechnen nicht gemacht hatte. Später zeigte sich dann, dass alle meine Wünsche oder Dinge, die man haben möchte, zum Beispiel mit einem Mann – noch schlimmer mit einer Frau – schlafen, verboten werden von dem ach so lieben Gott. Ich realisierte das damals nicht. Ich realisierte auch nicht, dass ich meine Mutter kopierte, die sehr grosse Schuldgefühle hatte in ihrem Aushilfsjob, und die sich über den unterbezahlten Job und die unmenschlichen Verhältnisse mit Worten tröstete wie: «Im Himmelreich zählt das Geld nicht mehr.»

Meine Mutter machte mir auch grosse Angst vor den bösen Männern, denjenigen, die ich mir als Kind mit Sack und Bart und Waldhütte vorstellte, und die, je älter ich wurde, ein anderes Bild bekamen. Ein böser Mann kann dann nämlich ganz einfach ein Kommunist sein oder ein Terrorist, wie es die Bibelgemeinschaft ausdrückte, oder, stelle ich mir vor, ganz einfach ein Mann, der mit einem Verkehr haben möchte auf der Rosshaarmatratze oder sonst etwas Liebes. Meine Mutter hatte natürlich nebst der Angst, dass ich Sünden begehen könnte, auch Angst, dass sie mich eines Tages verlieren könnte an einen Mann.

Meine Pflegefamilie möchte ich kurz und schmerzlos und danklos beschreiben. Von Anfang an war ich nämlich das dumme Vieh, die dumme Marie, die alles falsch macht, faul ist und darum hässlich usw. Und leider, oder in meinem Fall gottseidank, nicht von einem Prinzen erlöst wurde.

Ich musste in einem ganz schwarzen Zimmer schlafen, ohne Bilder, ohne Vorhänge, ohne Teppiche. Und wenn ich den Mut aufbrachte, etwas selber zu gestalten, wurde ich arg verschlagen, weil das als «Flausen im Kopf» bezeichnet wurde. Das einzige, was ich durfte, war Singen und Sockenstricken, um zu lernen, was sich für eine rechte Frau gehört.

Die andern Kinder in der Familie waren zwar jünger, aber gescheiter und schöner. Und in der Schule war es natürlich am schlimmsten. Ich ging den Schulweg hin und nach Hause sehr langsam, weil ich von der einen Hölle in die andere kam.

Hier mag ich gar nicht weiterschreiben.

Je mehr Konflikte ich mit meinem Pflegevater und dem Grossvater hatte, desto mehr liessen die Noten nach. Und wenn ich beim Malen einen Rand einzeichnen musste, fühlte ich mich sehr überfordert und als Versager und brachte dann

nicht mehr den Mut auf zu malen. Als dann die Note 2 oder
1-2 oder gar keine Note am Schluss der Rechnungen stand,
musste ich das Heft vom Vater unterschreiben lassen. Ich liess
es nicht unterschreiben und sagte, ich hätte es vergessen. Einmal sagte ich, ich hätte das Heft verloren, und der Lehrer begann mir strafende Worte oder einen Gummi an den Kopf zu
werfen, als ich noch zuhinterst sass. Nachher musste ich zu-
vorderst sitzen – welche Demütigung, und ich weiss gar nicht,
wie und wo ich all dies verarbeitet habe. Dann schickte er
mich an einem strahlenden Morgen nach Hause mit dem
neuen Rechnungsheft, um es unterschreiben zu lassen. Ich
ging nicht nach Hause. Ich sass vor dem grossen Schulhaus,
und als es zwölf Uhr schlug, unterschrieb ich das Heft selber.
Und ich wünschte mir, ohne dabei eine Träne zu weinen, dass
ich gross wäre, um die Schrift nachmachen zu können. Dem
Lehrer sagte ich, die Grossmutter habe es unterschrieben, weil
die Mutter nicht zu Hause gewesen sei. Als ich dann zu Hause
im Bett lag und weinte, weil es auskam und ich geschlagen
wurde vom Vater, hörte ich die Stimmen nicht genau, aber es
waren rollende, böse Gespräche in der Stube unten. Ich merkte, dass sie's von mir hatten, und als ich in den Gang schlich –
es war Februar und kalt –, um genauer zu hören, sagte der
Pflegevater, man wolle es in die Fasnachtszeitung schreiben,
dass ich selber Hefte unterschrieb; dabei war es nur einmal
passiert. Und dann gröhlte der Grossvater laut und erzählte
der Runde, welche Fehler ich machte, wenn ich bei ihm Aufgaben hatte. Und dann lachten sie so laut, dass ich erschreckt
ins Zimmer rannte und mir den Mund zuhielt, damit sie nicht
hören konnten, wenn ich weinte.

Ich will nie mehr darüber schreiben, weil mich das so traurig
macht, dass ich selbst heute, nach vielen Jahren, meine sämtlichen Papiere und Zeugnisse zerhacken möchte.

*Wenn ich nun das Leben auf dem Lande genau schildern wür-
de, müsste es in Romanform geschrieben sein, wo ich zum Beispiel auch die Natur einbeziehen würde, die vier Jahreszeiten,
das Heu, die Zwetschgen, den Winter, der manchmal so hart
war, dass wir nicht in die Schule mussten, oder den Wind, der
im Jahr (ich glaube, es war 68) so stark kam, dass die Bäume
auf der Bergstrasse wie Streichhölzer lagen, und wir die Kü-
chentüre nicht mehr aufbrachten, weil der Wind, der durchs
Fenster hereingekommen war, sie zuhielt. Und die Leintücher
mussten wir im Walde einsammeln – vieles, vieles mehr natürlich. Und die Natur war das einzig wirklich Gute, denke ich
jetzt, wo ich das schreibe, und an einer vierspurigen Strasse im
Stadtzentrum sitze und mir die Ohren nicht zuhalten kann
und kleine Stücke von der Serviette reisse, die mir der Gastar-
beiter mit dem Kaffee brachte, um sie als Ohrenstöpsel zu
verwenden.*

*Die Natur war auch das einzige, was die Sozialarbeiterin sah,
wenn sie mich besuchen kam, um zu sehen, wie's mir ging bei
den Pflegeeltern. Natürlich ging es mir genau an jenem Tage
gut, weil ich Ball spielen durfte, und die Pflegemutter sehr,
sehr freundlich war mit mir. Das war sie immer, wenn jemand
vom Sozialamt kam. Sie ging dann mit der Sozialarbeiterin in
die Stube, um mit ihr zu plaudern, als gehe mich das gar nichts
an. Einmal sagte die Sozialarbeiterin, man müsse mich eben
allein machen lassen und nicht immer dreinreden. Als sie gegangen war, ging das grosse Gezeter los. Meine Pflegemutter
schimpfte zuerst über die Sozialarbeiterin und ihre «Anlegi»,
den schrecklichen «Fahnen», den sie anhatte, schimpfte dann
über meine richtige Mutter und zum Schluss über meinen richtigen Vater und über mich. Wenn mich jemand fragte, wie's
mir bei meinen Pflegeeltern gehe, sagte ich immer, es gehe gut,
und ich sei den Pflegeeltern dankbar – allen, denn ich lebte mit
dem Gefühl, das ganze Dorf habe sich gegen mich verschwo-*

ren. Wenn ich nur einmal ein böses Wörtchen über diese Familie verlor, bekam ich Schläge. Die allereinzige, die diese Familie nicht mochte, war Moni. Und sie sagte es mir jeweils, wenn ich mit ihr die Milch holte in der Hütte. Moni war zehn Jahre älter als ich und machte das KV und hatte grosse Schwierigkeiten mit den Eltern. Sie sagte mir immer, dass sie nie heiraten möchte, weil das so ein Mist sei. Sie hat mich vor Jahren besucht in der Wohngemeinschaft, und ich wusste, dass sie an Drogen dachte und Sexparties, als ich ihr erzählte, dass wir alle aus dem gleichen Topf essen. Sie ist jetzt verheiratet mit einem Mann, der ihrem Vater ähnlich sieht, und hat zwei Töchter.

Mir gegenüber sitzt eine kranke Frau, die komisches Zeug faselt, und ich weiss nur zu gut, wieviele Menschen das gleiche erlebten wie ich, noch Schlimmeres, so schlimm, dass sie es nur mit Bier hinunterschwemmen konnten, und nicht imstande sind, es aufzuschreiben, zu erzählen.

Ich versagte aber auch beim Stricken, Nähen, Singen, und eines Tages stahl ich in der Nähschule ein Nadelkissen, um es meiner Pflegemutter zu schenken, damit sie einen Moment lang lieb zu mir sei. Natürlich merkte es die Nähschullehrerin und sagte es unserem Hauptlehrer. Der kam mit hochrotem Kopf ins Zimmer und sagte, wer es getan habe, solle sich melden und aufstehen. Ich zitterte ganz wahnsinnig inwendig und dachte: Die müssen es wissen, die wissen alle, dass ich es war. Und als ich nicht aufstand, verliess der Lehrer das Schulzimmer und knallte die Türe zu. Da begann ich zu weinen, und es war ganz still. Da sagte Christian: «Kommt, wir strecken alle die Hand auf, wenn Herr Müller kommt. Dann weiss er nicht, wer es genau war.» Aber Herr Müller kam herein, sah mich weinend und sagte kurz und böse: «Heute gehen wir nicht baden, wir machen das und das.»

Christian, der damals den Vorschlag machte – Christian habe ich also nie wieder gesehen. Vielleicht, weil er die Matura gemacht hat und selber Lehrer wurde und in Zürich bestimmt unter anderen Menschen funktioniert als ich.

Der einzige, den ich traf in Zürich, war Jöggel. Jöggel hatte Sprechschwierigkeiten und wurde von niemandem ernst genommen, nur geliebt für jene Nadelkissenmomente, wo er mit zu Hause gestohlenem Geld uns Süssigkeiten kaufte.

An jenem Abend, als ich Jöggel traf, war ich sehr blockiert. Im ersten Moment begann ich zu strahlen (es war zehn Jahre her), und ich sah, wie seine Pupillen sich vergrösserten vor Freude. Ich sagte ihm dann, dass ich es sehr schön fände, ihn wieder zu sehen im «Egge». Er begann dann zu stottern, und ich dachte bestürzt: Der Jöggel, der ist nicht weiter gekommen, und konnte nicht recht zuhören, wie er mühsam etwas hervorwürgen wollte, und hörte dann eigentlich das, was ich im Grunde erwartet hatte: dass er Trips warf und im Drogenmilieu verkehrte, und dass er rausgeschmissen wurde in der Lehre. Und ich wollte ihm sagen, dass er eine andere Lehre machen solle, weil das ganz wichtig sei, und suchte nach Worten, um ihm ein Gefühl von Sicherheit zu geben, und fand keine Worte, zumal ich sehr ausgepumpt war, weil zur selben Zeit die Beziehung zu meinem Freund begonnen hatte. Auch er hat Sprechschwierigkeiten, und ich war eher seine Mutter geworden als die Freundin und brauchte ja selber auch Hilfe.

Ich gab Jöggel meine Adresse und sagte, er solle mich besuchen kommen. Ich ging dann mit meinem Freund, und Jöggel sah uns nach und kam mich nie besuchen, vielleicht, weil er glaubte, dass man nur einen Freund haben kann. Jedenfalls war ich ganz traurig an jenem Abend und wollte eine Geschichte, ein Lied schreiben für den Jöggel, der sich nicht aus dem Sumpf

77

ziehen konnte, und vom Lehrer, der mit der Stoppuhr vor ihm gestanden hatte bei der Zwölferreihe und Jöggel vor der Klasse hatte stottern lassen. Und der Jöggel, der jetzt an der «Rivi» sitzt, um Stoff zu kaufen mit Geld, das er vielleicht gestohlen hat, für einen Nadelkissenmoment Freunde zu haben schien, und Jöggel, der als 19jähriger das Stottern ins Bett nahm und alleine in einer dunklen Höhle im Hochhaus wohnte, und Jöggel – und überhaupt heisst er Jörg und nicht Jöggel, was für eine Art, ihm einen beschissenen Kaspernamen zu geben. Ich war erschüttert und bestürzt, und es gelang und gelang mir nicht, es aufzuschreiben.

Manchmal möchte ich beten und sagen: Lieber Gott mach, dass der Jöggel einen Beruf lernen kann. Er hat es verdient. Und gib ihm, liebster Gott, noch eine Sprache, er hat den Menschen viel zu erzählen – stell dir vor, lieber Gott, das hat er. Oder gib ihm eine Freundin, einen Freund oder beides oder sonst etwas Liebes. Aber das tu ich selten, so beten, weil das manchmal eine üble Art ist, Schuldgefühle loszuwerden, und ich möchte meine Kraft lieber aktiv einsetzen. Und wenn der Jöggel jetzt käme – ich würde alles in Gang setzen, um ihm zu helfen, vorausgesetzt, dass er das noch will und kann.

Im siebten Jahr (und ich sage ihm «fettes Jahr») war mein Mass voll beim «Berglerleben». Ich beschreibe diesen Abschnitt genauer, auch wenn er vor hochtraurigen Gefühlen strotzt. Wir hatten in der Schule ein Abschlussfest in der Waldhütte. Ich wollte dabeisein bei den Vorarbeiten und steckte zwei Pullover in den Schultornister. Es waren zwei gleiche, lustige – der eine grün, der andere blau. Und ich wollte Ursula vorschlagen, dass wir sie anziehen zu der Schnitzelbank, die wir in der Pause gedichtet hatten. Meine Pflegemutter durfte natürlich nichts davon wissen. Als ich das Haus verliess, schrie sie mir nach, warum ich einen so dicken

Schultornister habe? Ich log sie zuerst an. Als sie die Pullover herauszog, log ich sie noch einmal an, worauf sie wieder über «Flausen im Kopf» schimpfte, mir zwei an den Kopf knallte fürs Lügen – und ich landete wieder im dunklen Zimmer, wo ich so fest weinte, dass ich fast nicht atmen konnte. Ich schlich zu meinem Kasten, wo ich drei Fünfliber versteckt hatte, das einzige, was wirklich mir gehörte und mir Freude machte, schlich ohne bemerkt zu werden davon, lief, lief der Seestrasse nach und war bei Einbruch der Dunkelheit in Rapperswil angelangt. Einmal hörte ich das Motorrad meines Pflegevaters, das mächtige schwarze Biest, hörte ihn von weit her aus allen Autos heraus, wie er näher und näher brauste, und versteckte mich hinter Büschen. Nur er nicht, er, der mich verschlug, wenn ich nicht pünktlich aus der Schule kam, bis ich halb ohnmächtig war und voll Blut im Gesicht im Bett aufwachte, er, der mich zu meiner Mutter stiess, dass ich auf den Boden fiel, und zu meiner Mutter sagte: Nimm sie doch, nimm sie doch – und genau wusste, dass sie mich nicht nehmen durfte. Er, der mich fast erwürgte, wenn ich beim Abschied meiner Mutter weinte, und er, von dem ich später erfuhr, dass er heimlich in sie verliebt war, und sie ihn nicht wollte – ja, dass er ihr einen Heiratsantrag gemacht hatte, als ich schon bei seiner Familie lebte. So bekam ich auch eine Erklärung für Pflegemutters Aggressionen.

Das Geld reichte nicht bis nach St. Gallen, wo meine Mutter wohnte. Da gab ich die Adresse meiner Mutter an und fuhr zu ihr am gleichen Abend. Ich versteckte mich im Heim, aus Angst, sie würde mich in ihrer finanziellen Not und unter Druck der stark religiösen Heimleiterin wieder zurückbringen. Flüchten ist manchmal besser als Standhalten.

Ich kam natürlich nur in die Realschule, als ich ins Waisenhaus kam. Ich lernte dort meinen Vormund kennen. Er hatte sehr *viele Mündel zu betreuen und kannte nur diejenigen, die sich gegen die Unterdrückung wehrten – somit auch mich. Im Lift zum fünften Stockwerk im Amtsvormundschaftsgebäude packte mich die grosse Angst wieder. Wir beide, ganz allein. Ach ich hatte Angst, ihm ausgeliefert zu sein, solche Angst. Durch diese Angst hatte ich natürlich überhaupt keine Chance auf ein gleichberechtigtes Gespräch. Oder sagen wir: Ich vermochte ihm meine Wünsche nie auf den Tisch zu legen. Welche Voraussetzungen für eine Beziehung! Dementsprechend war denn auch mein neues Zuhause im Waisenhaus, wo er mich hinbrachte und es natürlich zuerst einmal aus finanzieller Sicht betrachtete. Ich bekam eine Karte für Fr. 2.50, um zum Coiffeur zu gehen, der mir für diesen Preis die Haare schnitt – kurz.*

In der öffentlichen Schule war es ärger als vorher. Es war ein richtiger Horror. Ich hatte nicht die geringsten Versuche gemacht, Kontakt zu den Schülern zu bekommen, zum Lehrer schon gar nicht. Schon am ersten Tag sagte der Lehrer zu allen vor der Stunde: «Vreni ist ein ganz armes Mädchen, ohne Eltern, ohne vertrautes Heim. Sie ist daher verurteilt, eine Kriminelle zu werden (ich bin nicht sicher, ob er wirklich kriminell oder nur etwas Ähnliches sagte). Sie wird nie etwas werden.»

So hatten denn die andern Schüler gar keine Zeit, mich kennenzulernen – ohne den Stempel. Und schon in der ersten Zeit wurde ich verdächtigt, wenn etwas geschah, was jeder gemacht haben könnte: einen Gummi klauen, die Tafel verschmieren. Und das Schlimmste war, dass ich mich immer betroffen fühlte, auch wenn ich's nicht gewesen war. Moralpredigten in jeder Form bekam ich auch zu hören, wenn ich nachliess. Und ich liess nach. Liess nach im Rechnen, liess nach in der Sprache, liess nach im Singen, begann dann wirklich zu stehlen, zu rauchen, zu lügen und bekam immer schlechtere Noten.

Ich kam zum Kinderpsychiatrischen Dienst zu einer wunderschönen Therapeutin mit grossen Rehaugen und langen schwarzen Haaren. Besser so – besser, und ich hatte es nach zaghaften Versuchen geschafft, für mich und meine Therapeutin Tee zu kochen. Ich weinte fast aus lauter Angst, sie könnte ihn nicht gut finden. Nach weiteren Monaten erzählte ich die Geschichten ihr und nicht der Wand und konnte ihr in die Augen schauen, ohne mich zu schämen. Es begann ein ganz wunderschöner Abschnitt mit 5-6 am Schluss des Aufsatzes, und ich liess mir eine Gitarre schenken von meiner Mutter, machte Vorträge, zum Beispiel über Mani Matter, und fühlte mich für ganz kurze Zeit wenigstens in der Woche überaus glücklich, auch dann, wenn ich aufs WC schlich, um Lieder zu schreiben über die Kinder, die Lehrer, die Erzieher, die Gläubigen und Heimleiter – nur ganz selten über mich selber: Ich war und fühlte noch nichts von mir selber.

Kürzlich sass ich in der «Bauernschenke», um Kaffee zu trinken. Da sah ich, wie eine Frau und ein Mann, die Lehrer von Beruf waren und Aufsatzhefte vor sich liegen hatten, die Hefte zu korrigieren begannen. Da las die Frau einen Aufsatz vor, der sehr sinnvoll war: über zuviele Autos und die Angst des Fussgängers. Da sagte die Lehrerin zum Lehrer: «Sieh mal, hier macht er ein Komma, und da vergass er ein‚tz'.» Dann «bubelten» sie miteinander, als seien sie in der Pubertät stecken geblieben. Ich wurde so böse, dass ich sofort gehen musste.

Auch wenn ich ins Schwatzen gerate bei fremden Menschen und ihnen Dinge erkläre, die manchmal wirklich durchdacht sind, fragt man mich, ob ich denn studiere. Ich sage dann:

Nein, ich sei keine Studentin. Und denke: Aber ich bin ein Mensch und möchte überleben. Und wie ich das möchte!

Im Waisenhaus hatten alle Schwierigkeiten in der Schule. Eines Tages kam die Polizei in den Speisesaal, und jeder begann zu zittern. Der Heimleiter hatte die Schmier kommen lassen. Die Polizisten bemalten allen Kindern die Hände mit Pinseln, um zu sehen, wer hinter das Kässeli gegangen war. Es fehlte Geld (Sackgeld). Ich wollte vorher sterben oder aus dem Saal rennen. Es war Horst Rubia, der farbige Hände hatte am Schluss und sie allen zeigen musste. Ich kann nicht genau erklären, wie es ging; jedenfalls war es eine Art Detektivtrick, dachten wir. Und ich war so gelähmt in dieser Stunde, dass ich mich nicht mehr an Genauigkeiten erinnern kann, heute.

Rudolf, der mit mir im Waisenhaus war, habe ich einmal gesehen. Er hat jetzt ganz lange Haare und ist dünn und krank, wirft Trips und fixt. Er war zu, und ich konnte mich nicht einlassen auf ihn.

Silvia, die in meiner Gruppe war, kam zu mir vor einem Jahr. Sie sei auf der Kurve – das heisst soviel wie, dass sie umherreist und sich von Männern zahlen lässt, die mit ihr schlafen. Sie erzählte, dass sie geklaut habe, und dass von der Polizei nach ihr gefahndet würde. Ob sie bei mir sein könne? Ich wollte mit ihr reden über das Waisenhaus, aber sie liess sich nicht ein. Sie erzählte mir von jenem Alten, jenem Dicken, den sie hatte vorletzte Woche, und dass sie mit drei verschiedenen Studenten geschlafen habe – die Betonung auf Studenten, und war richtig stolz. Sie erzählte genau, alles, und ich fand heraus, dass ich einen der Studenten kenne, einen Kommunisten. Was für ein Schock. Ich biss auf die Zunge. Mit Kommunist meine ich den, der ganz wild wurde, wenn er gegen den Rechtsstaat polterte, gegen den Furgler und gegen die Bauern und (er zahlte Silvia gut). Silvia hat mir in jener Nacht sämtliches Geld gestohlen und reiste nach Amsterdam weiter (sie war früher Hilfsschülerin).

Nachdem ich im Waisenhaus zum zweiten Mal davongelaufen war, kam ich nach langen Predigten meines Vormunds, den ich allmählich zu verabscheuen begann, in eine neue Familie auf dem Lande, wo ich unter massivem Druck noch das dritte Jahr die Realschule besuchte. Ich langweilte mich zu Tode. Mich langweilt das immer, wenn es einen Dummen und einen Gescheiten gibt: der Dumme muss nachsitzen, der Gescheite geht eine Stunde früher nach Hause. Das ist im alltäglichen Leben ja auch so, nicht? Und wenn ich jeweils nachsitzen musste, hatte ich wieder jene unbeschreibliche Angst. Brüche, Brüche und Dezimalbrüche, die einen nur ganz neurotisch machen, mich jedenfalls schon.

Zu Hause waren Herr und Frau Peter, deren Pflegekind ich geworden war, sehr streng, sagten nie ein liebes Wörtchen zueinander, als müssten sie dauernd an das Einfamilienhaus denken, das sie selber gebaut hatten und abzahlen mussten und es jeden Tag von neuem ansehen und darin leben mussten. Das Käthi mit den Sprechschwierigkeiten und schlechten Noten, der Martin mit psychomotorischen Störungen und schlechten Noten. Das läuft ja so, als ob man einen Stein ins Wasser wirft: Kreise, Kreise, Teufelskreise.

Frau Peter habe ich kürzlich nach vier Jahren zu einem Wiedersehen an einer Elterntagung getroffen. Sie erzählte von den riesigen Problemen mit ihrem Mann und hat inzwischen im ganzen vier Kinder. Sie kam mir vor wie eine ganz, ganz gute Freundin, die zwar einmal eine hässliche Mutter verkörperte, aber weiter gekommen ist. Am liebsten hätte ich mich an ihren Busen gelehnt. Wir hatten für ihre Begriffe tiefe Ge-

83

spräche, für meine Begriffe waren sie oberflächlich. Aus Angst, sie zu überrumpeln, fragte ich sie auch nicht, wie es denn mit ihm im Bett sei. Dabei interessierte ich mich wahnsinnig dafür. Ich sage ihr jetzt nicht mehr Frau Peter, sondern Helen, und finde es eine grosse Schweinerei, dass zwei Menschen, ein Mann und eine Frau, sich niemals Zärtlichkeiten entgegenbringen müssen, keine Liebe oder Beziehung haben, ja nicht einmal eine Auseinandersetzung, und trotz allem hemmungslos Kinder auf die Welt stellen.

Und mich, oder besser gesagt uns Realschüler, fragt man immer wieder, ob wir die Matura hätten, ob wir wenigstens die Sekundarschule gemacht hätten, wenn wir praktizieren wollen in einem Kindergarten.

Genauso lief es bei Familie Dr. Kolb ab. Der Herr Doktor war Direktor und besitzt eine Eigentumswohnung, von der ich nie richtig wusste, ob sie den Zweck eines Museums erfüllen sollte. Frau Doktor indessen, die selbst auch den Doktortitel hatte und – ach war es traurig – dem Herrn Doktor die Schuhe putzen musste, den ganzen Tag jahraus, jahrein ihm die Krawatte zurechtrückte, die Wohnung abstaubte und mit ihm schlief und drei Kinder hatte – bereits geschädigte. Herr Doktor stritt sich nie mit seiner Frau. Und genau wie jene Mitarbeiterin der Caritas mir einmal sagte, wie schlimm es sei, wenn Menschen sich streiten, bin ich zum Entschluss gekommen, dass es für Kinder schädlich ist, wenn sich Eltern nicht streiten. Aber wenn Fritz, der Sohn, weinend heimkam, und ein anderer ihm die Schaufel geklaut hatte, ging Frau Doktor mit ihm zum Sandhaufen, um sie zurückzuergattern. Manchmal konnte die Frau Doktor ihr Gesicht nicht verstecken vor mir, wenn sie den ganzen Tag gebügelt hatte. Wenn dann der Doktor nach Hause kam, fragte er jeweils: «Liebst du mich noch, Majeli?» Und Maja sagte, ja, sie liebe ihn noch wie am ersten Tag. Einmal hatte ich eine komische Auseinandersetzung mit dem Herrn Doktor. Er erzählte am Tisch, ein paar jugendliche Langhaarige hätten das Gitter vor der Migros weggehoben, so dass ein armer alter Mann hinuntergefallen sei. Da holte ich die Zeitung und las ihm vor, wie es wirklich gewesen war: nämlich, dass ein Unbekannter das Gitter weggehoben hatte und ein 40jähriger hineingefallen war. Das war dann wie eine Bombe für alle. Frau Doktor verschluckte sich, Brigitte lief scheu aus dem Raum, und Peter (sechsjährig) sagte mir, ich solle nicht bös sein mit dem Papi. Ich arbeitete bei der Doktorfamilie ein ganzes Jahr und bekam monatlich hundertzwanzig Franken. Allerdings war die Arbeit nicht sehr hart. Vor allem habe ich die Hälfte des Porzellan-Rosenthal-Geschirrs zerschlagen, was auch fast einen Monatslohn ausmacht.

Ja, und wenn man an so vielen Orten zu Hause war, kommt es einem vor, wie wenn man eine Lochkarte dabei hätte, die überall passt: überall dasselbe.

Ich wollte dann Kindergärtnerin werden und hatte natürlich null Chance. Ich war eine Woche in einer Kinderkrippe. Die Frau behandelte die Kinder so grässlich, dass ich rauslief und weinen musste. Sie erzählte dann dem Vormund, ich hätte so komische Pupillen gehabt und sei bestimmt drogensüchtig. So ein Quatsch.

Ich ging dann in eine Berufswahlschule. Ich erlebte eine wunderschöne Zeit und merkte, dass ich ernst genommen wurde, auch wenn ich eine 2 im Rechnen hatte. Hanna und Karl und die beiden Knaben Stefan und David waren die ersten Menschen, bei denen ich mich wohlfühlte. Es war auch die erste Familie, die ich mir selber ausgesucht hatte, weil mein Vormund rechtzeitig an Herzverfettung gestorben war, und ich eine Fürsorgerin bekam.

Ich hatte dann, eben als ich mit Kindern arbeiten wollte, zwei Lehrstellen zur Auswahl: Fleischverkäuferin oder Gärtnerin, und wählte Gärtnerin. Ich nahm meine Lochkarte wieder mit an die Arbeit. Die Arbeit als Gärtnerin bestand nämlich darin, dass man eine Giessanlage einstellte am Morgen, um tausend Veilchen von derselben Sorte zu begiessen in einer Stunde. Man ging auf die Schweizerische Bankgesellschaft, um die Veilchen anzupflanzen, sich schikanieren zu lassen, weil man eben eine grüne Schürze anhatte, und dem Chef zuzusehen, wie er mit dem Bankdirektor verhandelte, und dem Bankdirektor auf dem Zürichberg den Rasen zu mähen, den Hundedreck wegzuputzen, wenn die Damen im Swimmingpool weilten, und noch andere Dinge. Der Gärtner war zu alt: wirklich, er konnte vom Morgen bis zum Abend kritisieren und schimpfen. Und es ist natürlich kein Schleck, mit dem Gefühl leben zu müssen, so einem dankbar sein zu müssen für die Stelle. Richard, der zweite Stift, begann immer härtere Drogen zu nehmen. Ich brach nach einem halben Jahr die Lehre ab. Ich hatte die sechs Monate nur durchgestanden, weil ich mir vorgenommen hatte, nach der Lehre an die Sozialschule zu gehen. Nun, Flüchten war damals wirklich besser. Und es gibt Menschen, die sich vielleicht in die Arbeit und in den Lohn und in drei Wochen Ferien flüchten – und die werden akzeptiert, sind «normal».

Von da an machte ich, was ich wollte. Das heisst, dass ich sehr labil war und noch heute keinen Weg finde, um eine richtige Frau zu werden, die weiss, was sich gehört. Ich arbeitete ein halbes Jahr in einem Kinderhaus in einem Arbeiterquartier und zog zu Isabelle und Jörg in die Stadt. Ich blühte auf, und *mein Wunsch, etwas wirklich Gescheites zu lernen, war gross, so gross.*

Ich weiss dann manchmal nur nicht, woher die Kraft nehmen. Auch seit ich in der Stadt dieselben Miseren entdeckte wie auf dem Land und einsehe, wie ich – ohne dabei einen Finger zu rühren – mitfunktioniere. Wenn ich dann durch die Stadt gehe, sehe, spüre, rieche, höre ich einen Haufen Dinge, mit denen ich nicht einverstanden bin. Und es sind Gummiwände, gegen die ich anrenne.

Auch bin ich inzwischen zwanzig Jahre alt geworden und habe die Fürsorgerin abgesetzt, was mich sehr viel Mühe kostete, weil ich mir nie ganz im Klaren war, ob sie mich mehr brauchte als ich sie (in ihrem Helfertrip). Als ich mit ihr dann durchs Vormundschaftsgebäude klapperte, um etliche Papiere einzusammeln, hielt mir in jedem Büro ein Beamter einen Vortrag über Geld. Ich sagte dann zu mir selber, dass ich alles sein möchte – eine Hexe, ein Totengräber, ein Opiumsüchtiger, alles, alles Erdenkliche, nur nie so ein spiessbürgerlicher Beamter.

«Psychotisch scheint sie nicht zu sein», stand dann auf dem Amtsvormundschaftsabschlussbericht. Psychotisch scheine ich also nicht zu sein. Das freut mich. Und es würde für mich selber das Gleiche bedeuten, wenn da stände auf dem Papier: «Fussballer scheint sie nicht zu sein.»

Was mich am meisten bedrückt, wenn ich das alles hinschreibe, ist, dass alle meine «Mitleidenden», die ich getroffen habe, nichts wissen wollen, wenn ich anklage. Sie sagen vielleicht: «Weisst du noch, wie uns der Schoch zusammenschlug, wenn wir uns schminkten oder uns schön machen wollten?» Dann weiss ich es natürlich noch ganz genau, weil ich noch heute zeitweise mit dem Gefühl lebe, ich werde bestraft, wenn ich mich schön mache. Wir können dann über ganz grausame Lehrer sprechen oder andere Autoritätspersonen, über die unmenschlichsten Dinge der Welt, und die einen sagen: «Ja, ja, das hat uns ja doch gut getan.» Oder wir reden nur noch über Schönheitsmittel und übers Kinderhaben. Das ist dann ungefähr so, wie wenn ich nackt ausgezogen dastehe, und die andern sagen: «Das ist aber fein, dass du dich so ausziehst, so bekommen wir etwas Rechtes zum Anschauen.» Wie damals, als Christine bei uns war, und Markus und ich eine Auseinandersetzung hatten über Haushaltsarbeiten und anderes, und Christine sagte: «Bei dem Urs und mir geht das ganz reibungslos vorüber. Wir verstehen uns so gut, da gibt es nie Streit. So fest harmonieren wir.» Genauso harmonieren sie alle, auch die meisten «Dummen» von früher, und sie harmonieren einfach so dahin, als wäre nie etwas anderes in ihr Leben getreten, als diese Harmonie.

Ich will aber kein Zahnrad werden

Viele von den jungen Menschen, mit denen ich zu tun habe, befinden sich in der sogenannten Pubertät. Da stellen sich alle die angesprochenen Probleme, gleichsam komprimiert, noch einmal. Ich möchte darum auf diese «Pubertät» gesondert eingehen und ein paar Punkte herausgreifen.

Die «Macht der Drüsen»

Wenn man so herumhört, stellt sich das Bild, das die meisten Leute von der Pubertät haben, etwa so dar: Die Kinder sind zunächst lieb, brav. Dann vollzieht sich der «Einbruch der Drüsen». Die Kinder werden frech und sexuell aktiv. Sie maulen zurück, kommen zu spät heim und haben einen Freund oder eine Freundin. Sie sind sogar noch sexuell aktiv, wenn sie allein sind. Aber das alles muss man halt durchstehen. Das geht vorbei wie ein «Pfnüsel» oder eine Grippe. Die beruhigen sich wieder. Die Kinder lösen sich zwar später vom Elternhaus, aber sie gehen neue Bindungen ein: Geschäft, Familie usw. Und das mit der sexuellen Aktivität legt sich auch von selber, wenn die Leute erst einmal lange genug verheiratet sind.

Ist das Karikatur? Leider nein. Es ist im Gegenteil untertrieben. Die Eltern der Generation, die jetzt im «Pubertätsalter» steckt, bekamen in ihrer Jugendzeit z.B. noch folgendes vorgesetzt:

«In deinem jungen Leibe kreisen Kräfte und Säfte wie im Frühling in den Bäumen. Es beginnt zu sprossen und zu blühen. Wie ein Baum zur Zeit der Blüte sich innerlich und äusserlich verändert, so ist es nun auch bei dir.

Ohne dass du es merkst, beginnen in dir Drüsen zu schaffen. Sie sondern Säfte ins Blut ab. Diese kommen mit dem Blute auch ins Gehirn. Auf einmal steigen in deiner Fantasie sonderbare Bilder auf. Anfangs nur ganz vereinzelt und schnell vorübergehend, dann mehr und länger. Auch Gedanken erwachen, die du früher nie kanntest. Du interessierst dich auf einmal, was verschiedene Stellen im «Gegrüsst seist Du, Maria» bedeuten. Du fragst dich, woher die Kindlein kommen. Dinge, die du früher gehört, aber kaum beachtet hast, tauchen wieder auf, und du setzest sie zusammen. Es wundert dich auch, warum die Mädchen anders sind als die Buben.» (. . .)

«Es balgen sich in deiner Seele der Bub und der Mann. Du musst dem Mann helfen, dass ihn der Bub nicht umrennt. Du musst dem Mann helfen, dass er Sieger wird. Der Mann ist nicht der, der trotzt, sondern der, der sich fügt und gehorcht. Maulen und Trotzen ist nämlich sehr leicht. Dazu muss man sich nur gehen lassen. Schweigen und Gehorchen ist aber sehr schwer, das braucht Kraft und Schneid. Eltern, die mahnen, warnen und verbieten, meinen es gut mit ihren Kindern. Sie haben sie gern. Es ist sehr gemein, gegen das Gutmeinen und gegen eine echte Liebe zu trotzen und aufzubegehren. Wenn du also ein Mann sein willst, dann gibt es nichts anderes als gehorchen und den Eltern gegenüber gut und dankbar zu sein.»

Das steht in einem Aufklärungsbüchlein, das ich vor ein paar Jahren irgendwo in der Schweiz im Schriftenstand einer katholischen Kirche gefunden habe. Es ist inzwischen vergriffen. Ich besitze eine kleine, aber auserlesene Sammlung solcher Elaborate. Nicht nur katholische, die Protestanten können's auch:

«Der Mensch verfügt normalerweise über eine Reihe von Blutdrüsen (Hirnanhang, Schilddrüse, Nebennieren, Eierstöcke oder Hoden), die ihre Produkte (Hormone) ins Blut absondern, und dadurch verschiedene Wirkungen erzeugen. Der Knabe wird unter ihrem Einfluss zum Mann, das Mädchen zur Frau, die Triebkraft, die sich bemerkbar macht, führt zu tatkräftigen Leistungen, und die normale Funktion und das harmonische Zusammenspiel der Hormone schaffen eine als gesund empfundene Lebensfreude oder Vitalität. Ausserdem machen sich die Geschlechtskräfte in umgewandelter Form auch bemerkbar im Gemeinschaftsleben, in dem sie den rechten Schwung zu Kameradschaft, Interessengemeinschaft, Klub, Verein, Freundschaft, Liebe geben.» (. . .)

«Man stelle sich ein Wasserreservoir vor, das durch einen Staudamm Wasser speichern kann. Dem Reservoir entspricht der Mensch mit seiner Sexualität, dem gestauten Wasser der Geschlechtstrieb, dem Staudamm die Liebe (oder auch der Glaube, der Sport, die täglichen Aufgaben, der Wille zur Enthaltsamkeit). Je grösser die Wassermenge, desto bedrohlicher wird der Staudruck. Je grösser die Geschlechtsspannung, desto bedrohlicher wird die Sexualität. Zuerst macht sich das in der Fantasie, vielleicht in den Träumen bemerkbar, vielleicht auch im grösseren Bedürfnis nach körperlicher Nähe und Berührung mit dem Liebespartner. Dann muss für entsprechende Entlastung gesorgt werden. Beim Wasserwerk durch Umwandlung in elektrische Kraft, oder durch Abflussmöglichkeiten zu irgendwelchen Zwecken. Beim Verliebten durch vermehrte Arbeitsleistungen und geschickte Ablenkungsmanöver der Fantasie.»

Es geht jetzt nicht um den Angstmachergeist, der natürlich aus all diesen Texten spricht (und der natürlich ebenfalls zum Thema «Zahnrädchenschleifen» gehört). Es geht um das Bild, das von der Pubertät vermittelt wird. Eben um die Drüsen, die plötzlich zu arbeiten beginnen und aus lieben und folgsamen Kindlein plötzlich triebhafte und unkontrollierbare Wesen machen. Dieses Bild hat sich in den Köpfen der Leute festgesetzt.

Hier ein Beispiel aus einer «Entwicklungspsychologie», die hin und wieder in der Lehrerausbildung Verwendung findet:

Änderung im Hormonhaushalt

Der zweite Gestaltwandel

Eine Umstellung im Hormonhaushalt des Körpers, verursacht durch Rückbildung der Zirbeldrüse und Verkümmerung der Thymusdrüse einerseits und einer verstärkten Sekretion der Hypophyse und Schilddrüse anderseits, hat die Reifung der Keimdrüse und damit verbunden eine tiefgreifende Umgestaltung des Körpers zur Folge. Während die Entwicklung der Genitalorgane in der Kindheit stationär war, kommt es in der Pubertät zu Veränderungen der primären und zur Ausbildung der sekundären Geschlechtsmerkmale. In den Hoden beginnen

Primäre und sekundäre Geschlechtsmerkmale

Samenzellen, in den Ovarien Eier zu reifen. In der Schamgegend und unter den Armen, bei Buben auch auf der Oberlippe und auf den Wangen, wachsen Haare. Die weibliche Brust entwickelt sich. Der Kehlkopf des Knaben beginnt zu verknöchern, der Stimmwechsel tritt ein. Bei den Mädchen setzt die Menstruation ein, Knaben erleben ihre erste Pollution.

Puberales Längenwachstum

Kräftige Hormonimpulse bewirken ein rasches, aber disharmonisches Wachstum des Körpers. Die Beine und Arme wachsen wesentlich schneller als der Rumpf, wodurch es zu Verschiebungen in den Proportionen kommt und der Mensch vorübergehend die Merkmale der leptosomen Konstitution annimmt. Gleichzeitig beginnen die „Körperspitzen" (Nase, Ohren, Kinn) ihre endgültigen Größen zu erreichen, während die übrigen Gesichtsteile nur langsam nachwachsen; der Mensch macht den

Akromegaloide Züge

Eindruck, als wäre er an Akromegalie (=Riesenwuchs des Kopfes und der Glieder) erkrankt. Im zweiten Teil der Pubertät wächst der Rumpf nach und die Körpergestalt erhält ihre ursprüngliche Harmonie wieder.

Umgestaltung der Motorik

Bevor jedoch die mature Form erreicht wird, bewirkt die Disharmonie des vegetativen Systems eine Umgestaltung der Motorik von den elegant beherrschten Bewegungen in der reifen Kindheit zu abwechselnd sperrigen, steifen oder schlaffen während der Pubertät. Der junge Mensch weiß wohl um seine schlechte Haltung und Körperbeherrschung, ist aber nicht in der Lage, Abhilfe zu schaffen.

Die seelisch-geistigen Auswirkungen

Parallel mit der körperlichen Umwandlung geht eine tiefe Veränderung in der psychischen Struktur des Kindes. Seine Lernfähigkeit nimmt augenscheinlich ab, die Entwicklung der Intelligenz wird stockend. Das extravertierte Verhalten weicht einer intensiven Introversion. Dem jungen Menschen wird sein Inneres zum Problem, sein Ich zum Objekt der Reflexion. Die Gruppe verliert für den Pubertierenden ihre bisherige Anziehungskraft; er wendet sich von der Gemeinschaft mehr und mehr ab. In dieser neuen Situation ist das Werten und Wollen des jungen Menschen von stärkstem Zwiespalt erfüllt; schwankende Willensentscheidungen und eine quälende Entschlußunsicherheit sind typische Merkmale dieser Phase.

Das eigene Innenleben

Ambivalente Haltungen

Als seelische Sicherungsmechanismen dienen dem Pubertierenden Identifikationen mit Menschen seiner Umwelt, die aus irgendeinem Grund seine Bewunderung erringen konnten (und deren Eigenschaften er sich im Geist zu eigen macht) und der Projektion seiner schwankenden Gefühle auf die Umwelt. Wenn er meint, daß auch die anderen Menschen traurig und verzweifelt oder fröhlich und guter Dinge sind, ist er zufrieden und trägt seinen Zustand leichter.

Psychische Sicherungsmechanismen Identifikation Projektion

Es ist nicht ganz einfach, einen jungen Menschen in dieser Phase seiner Entwicklung richtig zu behandeln. Der Erzieher muß dem körperlichen Zustand Rechnung tragen und (im Turnen und beim Sport) seine Anforderungen drosseln.

Verständnis aufbringen

Welche Sportarten können einem Pubertierenden empfohlen, von welchen sollte abgeraten werden?

Er muß vor allem aber der seelischen Situation entsprechen und sich um das Vertrauen des Jugendlichen bemühen. Er muß das notwendige Verständnis und die erforderliche Nachsicht aufbringen, ohne dabei „sein Gesicht zu verlieren". Es ist fast immer vorteilhaft, wenn der Erzieher der inneren Unsicherheit des Jugendlichen mit einem wohlüberlegten Maß an Konsequenz begegnet und auf seinen (begründeten) Anordnungen besteht. Kindgemäße Erziehungsmittel, wie sie wenige Jahre vorher vielleicht noch angebracht waren, müssen in diesem Alter unbedingt weichen und einer kameradschaftlichen, aber immer zielbewußten Behandlung Platz machen.

Nachsicht üben Konsequent sein

Neue Erziehungsmittel

Der Ausklang

Die Beruhigung in der Körperentwicklung bringt auch eine merkbare Abschwächung der seelischen Konflikte mit sich. Am Ende dieser Phase hat es der Erzieher nicht mehr mit einem Kind zu tun, sondern mit einem Jugendlichen, der eine Periode der Verinnerlichung erlebt und — bei normaler Führung —

Phase der relativen Beruhigung

auch eine Stärkung seines Willens erfahren hat. Sein Horizont
ist weiter geworden, aber noch nicht frei von verschwommenen
Bereichen, die erst in späteren Jahren endgültige Aufhellung
und Klärung erfahren werden.

*In pädagogisch
abgesicherten
Bereichen*

Es ist für die Jugend ohne Zweifel höchst segensreich, daß sie
— nach Verlängerung der Schulpflicht auf neun Jahre — diese
Krise ihres Entwicklungsprozesses nunmehr unter der Obhut

Man trifft das auch in weit sorgfältigeren wissenschaftlichen
Werken. Ein Beispiel aus einem Werk, das sehr häufig in der
Lehrerausbildung Verwendung findet. Da werden zunächst
vor allem Forschungsergebnisse vorgelegt (die in dieser Form
übrigens leicht den Charakter von «Leitern» bekommen). Ich
möchte zur Erbauung des Lesers einige vorstellen:

Diagramm 29   X. Das Jugendalter
Sittennormen (IMAS)

Sollten sich junge Leute offiziell verloben? %

Verloben	54
Nicht verloben	30
Unentschieden	10

Ist die Unberührtheit des Mädchens vor der Ehe erforderlich? %

Nicht unbedingt erforderlich	82
Unbedingt erforderlich	10
Weiß nicht	8

Nähere Bekanntschaft eines Mädchens
mit mehreren Burschen %

Spricht gegen das Mädchen	22
Finde nichts daran	61
Kommt auf das Alter an	11
Unentschieden	6

Nähere Bekanntschaft eines Mannes
mit mehreren Mädchen %

Spricht gegen ihn	20
Finde nichts daran	63
Kommt auf das Alter an	9
Unentschieden	8

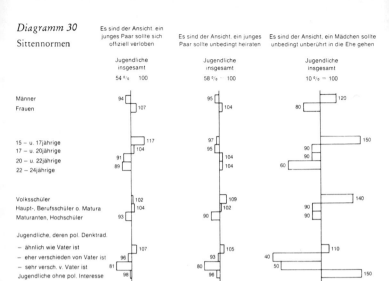

Diagramm 30

Sittennormen

Es sind der Ansicht, ein junges Paar sollte sich offiziell verloben

Es sind der Ansicht, ein junges Paar sollte unbedingt heiraten

Es sind der Ansicht, ein Mädchen sollte unbedingt unberührt in die Ehe gehen

Jugendliche insgesamt
54 % = 100

Jugendliche insgesamt
58 % = 100

Jugendliche insgesamt
10 % = 100

Tabelle 48 Vertrauenspersonen in Prozenten* (EMNID-Untersuchung)

	Am nächsten von allen Menschen steht mir	Wenn ich in Schwierig-keiten bin, kann ich mich am ehesten verlassen auf	Das meiste Verständnis für mich hat	Ich bin am liebsten zusammen mit
Eltern	23	24	17	23
Vater	30	31	27	12
Mutter	51	49	49	23
Großeltern	3	3	4	2
Bruder	6	7	7	7
Schwester	5	5	6	4
Ehepartner	13	13	13	13
Andere Verwandte	1	2	3	3
Verlobte(r)	2	3	2	3
Bekannte	38	38	44	79
Anderer Personenkreis	5	1	2	6
Restkategorie	0	0	0	1
Keine Antwort	21	22	25	26

* Gesamtdurchschnitt = 100 % = jew. 1505

Kirchgang der Mädchen und ihrer Eltern bei Schülerinnen verschiedener Schultypen

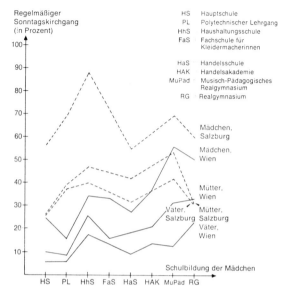

Tabelle 60

Heterosexuelle Entwicklung: Alter bei der Aufnahme verschiedener heterosexueller Aktivitäten (kumulative Verteilungen) in Prozenten (nach Mechler)

Alter in Jahren	Küssen		Brust-petting		Genital-petting Junge aktiv		Genital-petting Mädchen aktiv		Koitus	
	J	M	J	M	J	M	J	M	J	M
12 (oder jünger)	9	9	2	2	3	1	3	1	1	0
13	23	28	10	8	7	5	6	3	1	1
14	44	53	25	22	19	14	12	9	4	3
15	66	73	45	45	37	32	28	22	11	10
16	76	83	59	63	52	50	41	39	23	22
17	82	87	65	71	58	60	48	50	32	31

Dazwischen aber offenbart der Autor erstaunliche Einsichten:

«Wer je mit Kindern der Vorpubertät auf Skikursen oder Landschulwochen war, weiss, dass es im Kollektiv zu rauschhaften Stimmungen kommen kann, die ungeheuer lustvoll erlebt werden. Meist treten sie im Zusammenhang mit Verhaltensweisen auf, die der Erwachsene als Unfug bezeichnet: Polsterschlachten, Wälzen über die Betten, Indianergeheul, lautes Singen. Aber dieser Zustand des emotionalen «Zusammenschwingens», der sehr ähnlich ist der Ekstase der Primitiven, wird als Gemeinschaftserlebnis empfunden und gehört zu den schönsten Erinnerungen der Jugendzeit. Es ist Aufgabe des Erziehers, solche ekstatische Zustände in kultivierte Bahnen zu lenken, etwa durch das Springen über ein Lagerfeuer oder durch Singen im Kreis, und sie allmählich ausklingen zu lassen, ohne das Gemeinschaftserlebnis zu zerstören.»[1]

Hin und wieder schimmert aber auch durch, dass das Ganze auch ein gesellschaftliches Problem sein könnte. Aber die «Macht der Drüsen» bleibt voll gewahrt:

«Seit einigen Jahren scheint es, als ob die Zeit der ‚skeptischen Generation', die nach rascher Anpassung an das Erwachsenenleben strebte und sich in keiner Weise engagieren wollte, abgelaufen sei. Die Veränderungen, einerseits im Tempo der körperlichen Reifung, anderseits in den Vorbildern und in den gesellschaftlichen und wirtschaftlichen Gegebenheiten, sind nicht ohne Auswirkungen geblieben. Die starke Akzele-

---

Anm. 1:
Damit das Ganze – und das ist gerade bei diesem Kapitel sehr wichtig – einigermassen wissenschaftlich aussieht, braucht es natürlich von Zeit zu Zeit eine Fussnote. Da wäre also eine.

ration, von der wir im Zusammenhang mit der Vorpubertät sprachen, bewirkt zwangsläufig den Wunsch nach früherer Autonomie, lässt Kritikbereitschaft und Kritikfähigkeit sowie das Gefühl des Erwachsenseins früher ins Erlebnisfeld treten und macht Bevormundung schwer erträglich. Es handelt sich um eine Vorverlegung der gesamten Rollen- und Statusproblematik.»

Wie gesagt: So ungefähr sieht das aus, was bei Eltern und Lehrern in den Köpfen herumspukt. Das Resultat: Wenn sich ein Jugendlicher gegen Ungerechtigkeiten auflehnt, wenn er protestiert, muss sich sein Vater gar nicht erst fragen, ob sein Sohn vielleicht recht haben könnte. Er kann nur verständnisvoll den Kopf schütteln: «Nein, wie bei dem armen Kerl die Drüsen arbeiten!»

Der ewige «Pubertätler»

Nun ist es aber so, dass sich nicht nur Jugendliche auflehnen. Auch Ältere tun dies bisweilen, und oft mit denselben Argumenten. Allerdings erleben viele von ihnen, dass sie nicht ganz ernst genommen werden: «Der steckt ja noch halb in der Pubertät.»

Als der Stardirigent Herbert von Karajan an der Wiener Staatsoper die Premiere zu einer sündenteuren «Figaro»-Inszenierung dirigierte, befand sich unter den Premieren-Gästen der österreichische Bundeskanzler Kreisky. Unterdessen verteilte der etwa dreissigjährige Sohn des Bundeskanzlers vor der Staatsoper Flugblätter, auf denen ein Spottgedicht auf die Hochkultur im allgemeinen und u.a. auch auf Karajan abgedruckt war. Darauf angesprochen, sagte der Kanzler: «Ja, wenn der glaubt, dass er nicht zu alt ist für so etwas ...» Nur: Das Gedicht, das auf den Flugblättern abgedruckt war, stammte vom damals 58jährigen Germanisten Dr. Fritz Herrmann. Bei dem haben offenbar die Drüsen grauenhaft lange gearbeitet.

Wenn ich als junger Lehrer etwa mit Berufskollegen diskutierte, meinte mancher von ihnen verständnisvoll-überlegen: «Warte, bis du etwas älter bist, da wirst du anders reden.» Man spürte förmlich, was sie dachten: «Der ist halt etwas hinten nach. Der kommt auch noch aus der Pubertät heraus.» Meine Gedanken waren damals sehr stark von Martin Buber beeinflusst, der zu dieser Zeit als über 80jähriger an der Universität Jerusalem lehrte. Es stellt sich natürlich die Frage, wie lange denn bei dem die Drüsen gearbeitet haben.

Nein, mit der «Drüsentheorie» kommt man hier nicht sehr weit. Näher kommt man der Sache vielleicht, wenn man fragt: Was sind denn das für Einstellungen und Verhaltensweisen, die – bei Jugendlichen und Erwachsenen – als «pubertär» bezeichnet werden?

Da ist z.B. die Tatsache, dass solche Menschen eine Vorstellung davon haben, wie die Welt eben auch (besser) sein könnte («mangelnder Wirklichkeitssinn»). Oder dass sie viele Normen, Trends, Konventionen nicht anerkennen («Kritiksucht»). Oder dass sich solche Menschen selber ernst nehmen («Selbstbezogenheit»), usw., usw. Kurz: Sie begreifen sich als unfertige, sich entwickelnde Menschen. Deshalb werden sie von den «Fertigen» als ewige Pubertätler bezeichnet.

Die Sache mit dem Strich

Was geht hier eigentlich vor sich? Blättern wir zurück auf Seite 38. Bei all den tabellarischen Darstellungen findet sich ein Strich, jenseits dessen das Erwachsenenalter beginnt. «Eingliederung in die Ordnungen des Lebens (Familie, Beruf, Gemeinde, Kirche, Staat)» heisst es da etwa. In einem entwicklungspsychologischen Lehrmittel steht:

«Zwischen dem jungen Menschen und seiner Umwelt hat sich eine neue Beziehung entwickelt. Die Konflikte werden schwächer und seltener. Zwischen den Auffassungen der Erwachsenen und der Jugend bestehen nicht mehr so himmelweite Unterschiede wie vorher. Der junge Mann und das Mädchen haben das richtige Verständnis zu den objektiven Werten gefunden. Sie wissen nun sehr wohl zu unterscheiden zwischen dem wirklich Schönen und dem bloss Modernen, zwischen echter Kunst und kitschigem Blendwerk. Sie erkennen den Unterschied wieder zwischen schlichter Wahrheit und harter Moral einerseits und verführerischer Lüge und gleissender Verlockung anderseits. Der junge Mensch achtet nun auch die höchsten Werte wieder und schafft nach ihren Normen Ordnung in seinem Inneren. Das Sittlich-Religiöse gewinnt bei vielen seine ursprüngliche Dominanz wieder, die echte Liebe zu Gott und den Mitmenschen bricht wieder durch. In diesem Augenblick eröffnen sich für Kirche und Staat ungeahnte Möglichkeiten, durch rechtzeitige Initiative und gut überlegte Massnahmen die Jugend für ihre Ideale zu begeistern. Wenn in diesem Lebensabschnitt für die jungen Menschen zuwenig oder überhaupt nichts getan wird, kann weder die erwünschte religiöse, noch die staatsbürgerliche Gesinnung erwartet werden. Die richtig geführte Jugend aber wird immer mehr jene Einstellungen entwickeln, die das Leben als Erwachsener von ihnen fordert. 19- und 20jährige Menschen sind im allgemeinen voll guten Willens. Sie sind fleissig und arbeitsam und für wirklich hohe Ideale jederzeit einsatzbereit.»

In einem andern:

«Vielen Jugendlichen, denen man aufgrund ihrer Vorgeschichte und ihrer familiären Bedingungen eine ungünstige Prognose stellen müsste, gelingt es (...) durch den Akt der Selbstbesinnung und der Selbstbestimmung, ihr Leben ,in den Griff' zu bekommen, indem sie sich für Werte entscheiden, die eine Anpassung an die Erfordernisse der Gesellschaft ermöglichen.»

Die Sache ist klar: Der junge Mensch ist aus der «Gefahrenzone» heraus, er passt sich an, er ist tatsächlich «über den Strich». Allerdings klappt das nicht immer reibungslos. Das haben auch Entwicklungspsychologen gemerkt. So steht in einem Buch:

«Nicht alle Jugendlichen gelangen zu einem ideellen Wertesystem. Hier gibt es viele Varianten: völliges Fehlen jeder orientierten Wertehierarchie, unkritisch bequemes Übernehmen eines politischen oder religiösen Systems, selbst erarbeitete Wertorientierungen, die für die Lebensführung entscheidend werden, und chaotisch verworrene Ideen zur Umgestaltung bestehender Ordnungen. Der Prozess der ideellen Wertorientierungen ist mit dem eigentlichen Jugendalter zumeist nicht abgeschlossen, sondern reicht, besonders bei der studierenden Jugend, bis ins dritte Lebensjahrzehnt.»

Studenten scheinen nach Ansicht von Universitätsprofessoren überhaupt recht ungezogen zu sein. So heisst es im selben Buch an anderer Stelle:

«Eine überall relativ kleine, aber politisch stark engagierte Gruppe zeigt eine revolutionäre Protesthaltung gegenüber den traditionellen wirtschaftlichen und sozialen Strukturen unserer Gesellschaft. Wie Höllinger hervorhebt, geht es dieser Gruppe in ihrem Protest nicht primär um Anliegen der Jugend, sondern um die Erwachsenenwelt und deren totale Umgestaltung. In diesem Zusammenhang richtet sich der Protest auch gegen jene Formen der Sozialisierung in Schule und Elternhaus, die die Jugend zur Anpassung an die gegebene Gesellschaftsstruktur hin führen und damit deren Fortbestand sichern sollen. Diese Gruppe rekrutiert sich hauptsächlich aus Studenten, doch diese zeigen vielerorts erfolgreiche Bestrebungen, auch Jugendliche in einer totalen Ablehnung der bestehenden Ordnungen und Wertsysteme zu beeinflussen. Der Akzent liegt auf Vernichtung des Bestehenden. Alternativen, wie es statt dessen sein sollte, werden nicht einmal versucht.

Der Protest manifestiert sich sowohl in grösser angelegten Störaktionen oder Demonstrationen bei Staatsbesuchen, Kongressen, in Theatern und Konzerten oder bei aktuellen politischen Ereignissen als auch in der Arbeit kleinerer Gruppen, die durch Sabotageakte, besonders an Schulen und Universitäten den geordneten Betrieb behindern und die grosse Masse der politisch Uninteressierten majorisieren.»[2]

Von der anderen Seite her wird dieser Strich allerdings anders gesehen. Die folgende Zeichnung stammt von einem 18jährigen Mittelschüler:

Anm. 2:
Angesichts dieser ergreifenden Zitate wird der Leser vermutlich staunend fragen: «Und das ist jetzt Wissenschaft? Das steht ja, nur mit weniger Fremdwörtern gespickt, genauso in den vorurteilsbeladenen Aufklärungsschriftlein der Kirchen.» Da ist tatsächlich etwas dran. Das weitere wäre nachzulesen bei H. Chr. Andersen: «Des Kaisers neue Kleider», Kopenhagen 1840.

105

Aus dem Brief einer Mittelschülerin:

Ich habe doch keine Lust, wie eine Konservendose ab dem Fliessband aus dieser Schule zu kommen, um dann in ein Gestell geworfen zu werden und brav auf einen Käufer zu warten. Nach Gebrauch dürfte ich dann noch leer umher liegen, um dann schliesslich auf den Schuttablagerungsplatz zu kommen. Nein danke!

Meine Freunde, meine Schulkollegen und ich leben in einer ziemlich schizophrenen Situation. Einerseits siezen uns die Lehrer, behandeln uns aber noch wie kleine Kinder.

‚Ich bin jetzt bald erwachsen'. Die Leute finden, dass man mit mir jetzt schon ganz vernünftig reden könne (dabei kann man das schon seit dem Kindergarten, die haben mir jeweils nur nicht zugehört). Ausserdem darf ich jetzt dann autofahren. Ich warte jedenfalls immer noch auf den Morgen, an dem ich aufwache und merke: Aha Karin, jetzt bist du vernünftig, klug und erwachsen. Das muss ein Gefühl sein!

Jetzt bin ich gerade von der Schule nach Hause gekommen. Das war merkwürdig: Man sitzt einfach da und wartet. Man redet immer von der Zukunft: ‚An der Universität müsst ihr dann selbständig arbeiten... Dann seid ihr frei...' Aber kann man aus einem unfreien Zustand heraus frei werden? Wieso werden wir auf eine Zukunft hin dressiert und lernen nicht, in der Gegenwart zu leben? Sind nicht darum so viele unzufrieden, weil sie immer am ‚Jetzt' vorbeirennen, in Richtung ‚Dann...'? Die Zukunft eines Gymnasiasten sieht ungefähr so aus (nach Meinung der Gebildeten): Matura als Schlüssel zum Studium mit erfolgreichem Abschluss, d.h. lic., besser aber Doktor, ausüben von Beruf, d.h. sozialen Rang ersteigen. In diese Zeit fällt dann der Hauskauf, dann als letzte

Phase das Geniessen der Pension (eventuell im Tessin). Dabei muss man sehen, dass man sich immer auf die nächstfolgende Stufe freut: Wenn ich dann die Matura habe, wenn ich dann studiert habe, wenn ich dann etabliert bin, wenn ich dann meine Ruhe habe und privatisieren kann, wenn ich dann im Himmel bin . . .

Eigentlich habe ich jetzt eine ordentliche «Materialschlacht» geliefert. Aber aus dem Material geht, so scheint mir, deutlich hervor: Die Pubertät ist nicht in erster Linie eine biologische Angelegenheit, die Zeit, in der der junge Mensch aus wachstumsbedingtem Grunde eben in einer Krise steckt. Es ist die Zeit, in der die Gesellschaft den jungen Menschen endgültig vereinnahmt, in der das durch die Erziehung zurechtgeschliffene Zahnrädchen an seinen Platz kommt. Darauf reagiert er mit Angst. Ich kenne viele der sogenannten «Pubertäts-Symptome» recht genau, von der «Kritiksucht» über die «Bandenbildung» bis zu Rauschgiftproblemen. Ich habe sie als Ausdruck der Angst kennengelernt. Der Angst: «Ich will doch kein Zahnrad werden».

Auf diese Angst reagieren die Jugendlichen sehr verschieden. Man findet alles, von der Auflehnung über den Protest bis zur resignierten Anpassung oder der Flucht aus all diesen Problemen. Es ist aber eine Angst, die viele Erwachsene auch verspüren, und auf die sie ebenso reagieren – oder aber sie verdrängen, nicht mehr zur Kenntnis nehmen.

Es kann durchaus geschehen, dass im Kontakt mit Jugendlichen bei Erwachsenen diese Angst wieder aufgewühlt wird. Als ich als Anfänger an einer Oberstufenschule unterrichtete, wurde ich nach etwa einem Monat von den Kollegen gefragt: «Auf welcher Seite stehst du eigentlich? Auf unserer oder auf der Seite der Schüler?»

Mit dem Ausdruck «pubertär» wird also vor allem diskriminiert. Der Wunsch nach Veränderung, das Sich-nicht-einfach-mit-allem-Abfinden, der Einsatz für Veränderung wird den Leuten vermiest. Auf eine verständnisvolle Art vielleicht, aber eben doch vermiest.

Und die «Drüsen»?

Soll das alles etwa heissen, dass die Pubertät als «biologisches Phänomen» nicht existiert? Keineswegs. Es ist unbestritten, dass in den «Entwicklungsjahren» einiges durcheinander gerät. Der junge Mensch wird tatsächlich ordentlich geschüttelt:

Er wird körperlich reifer, und dies in ziemlich kurzer Zeit. Aber: Was er zu dieser Reifung, zu seiner Sexualität, zu seinem Körper überhaupt für ein Verhältnis hat, das ist nicht ein Problem des Menschen zwischen 15 und 20, sondern zwischen 0 und 90 Jahren. Es stimmt, dass der Mensch in der Pubertätszeit auch seelisch reift. Aber: Ob seine Beziehungsfähigkeit intakt ist, ob er nicht «krumm» wird usw. das alles ist wiederum nicht ein Pubertätsproblem. Es ist wahr, dass der Mensch auch geistig einen Sprung vorwärts macht. Aber: Ob er offen bleibt für Neues, ob er auch die Anregungen erhält, die er braucht, das alles entscheidet sich nicht in jenen Jahren.

Und darum meine ich: Nicht die Pubertät ist eigentlich das Problem, sondern die Frage: Was geschieht überhaupt mit den jungen Menschen, wenn sie aufwachsen? Was geschieht nachher? Was kann man tun, dass sie ein einigermassen vernünftiges Verhältnis zu sich selber und zu ihrer Umwelt aufbauen können?

Ich erlebte die ganze Problematik gleichsam «in der Retorte» bei einem Schüler. Der war fast 2 m gross, als er 14 Jahre alt wurde. Damit er nicht noch weiter wachse, verpasste man ihm Hormonspritzen, die die körperliche Reife auslösten und so sein Wachstum stoppten. Das hat ihn ganz ordentlich durcheinandergebracht, und daran trägt er zum Teil heute noch. So hat er z.B. mehrere Selbstmordversuche hinter sich. Aber: Er hat eigentlich keine Schwierigkeit, die er ohne diese Spritzerei nicht auch gehabt hätte. Sein schwaches Selbstgefühl, seine Beziehungsprobleme, das alles bestand eigentlich schon vorher. Nur wurde es durch die beschleunigte körperliche Reifung sehr stark verschärft. Etwas ganz Ähnliches dürfte sich auch mit der «gewöhnlichen» Pubertät abspielen.

Mit der «Pubertät» geschieht also im allgemeinen etwas ganz Ähnliches wie mit der «Dummheit». Hier wird ein biologischer Begriff überstrapaziert, und andere (gesellschaftliche) Zusammenhänge kommen zu kurz. Die jungen Leute haben nicht Schwierigkeiten mit der Pubertät, sondern mit dem Zahnrädchen-Werden.

Eine Schule ist doch keine Fabrik

Der Schulversuch «Schule in Kleingruppen»

Im bisher beschriebenen Spannungsfeld vollzieht sich also meine Arbeit. Den Rahmen dafür bildet der Schulversuch «Schule in Kleingruppen», der gegenwärtig im Kanton Zürich läuft. Was will dieser Versuch? Im Vorwort zum Versuchsprojekt[1] heisst es:

«Am 16. August 1977 stimmte der Erziehungsrat dem Konzept für einen Schulversuch im Sinne einer «Aufbauschule» zu. Für die Ausarbeitung eines detaillierten Versuchsprojekts wurde von der Abteilung Volksschule und der Pädagogischen Abteilung eine Planungsgruppe eingesetzt.

Die Schule in Kleingruppen will den Schülern helfen, denen Normal- und Sonderklassen nicht mehr das geben können, was sie für die Entwicklung ihrer Persönlichkeit benötigen. Oft stören diese Schüler den Unterricht so stark, dass Lehrer und Mitschüler in ihrer Arbeit entscheidend eingeschränkt werden; die Gruppenfähigkeit ist bei ihnen kaum vorhanden. Schularzt, Schulpsychologen, Kinderpsychologen und Sozialhelfer müssen sich dann dieser Kinder annehmen und oft eine Einweisung in ein Heim beantragen.

Für das Schulversagen dieser Schüler sind vorwiegend psychische Gründe massgebend.

Der Lehrer der Schule in Kleingruppen hat die Aufgabe, jedem einzelnen seiner Schüler bei der Lösung der seelischen Problematik behilflich zu sein.

Da psychische Probleme immer auch Beziehungsprobleme sind, bildet die therapeutische Beziehung die Grundlage der

Anm. 1:
«Planungsgruppe Aufbauschule» (Erziehungsdirektion des Kts. Zürich): «Versuchsprojekt Schule in Kleingruppen», S.1 ff.

113

Arbeit in der Kleingruppenschule. In ihr lernt der Schüler sich selbst und seine Möglichkeiten auf eine neue, positive Weise zu erleben. Dem Aufbau der Beziehungsfähigkeit und der Änderung des Selbstwertgefühls des Schülers gehört der Vorrang.

Primäre Ziele sind: Verbesserung der Beziehungsfähigkeit, Abbau der Intelligenzhemmungen, bessere soziale Integration. In der Schule in Kleingruppen soll der Schüler möglichst viel von dem erhalten, was er an Unterstützung, an Hilfe, an Anregung durch die Schule und das Elternhaus nicht erhalten hat.

Viele Schüler brauchen diese Unterstützung und Hilfe auch in der Freizeit und über die obligatorische Volksschulzeit hinaus. Hier will die Schule in Kleingruppen eine Lücke füllen, indem sie gezielt Hilfe bietet bei der Freizeitgestaltung, der oft besonders schwierigen Berufsfindung, während der Lehrzeit oder in der gewerblichen Berufsschule.

In gewisser Hinsicht kann eine gut geführte Klasse sowohl eine therapeutische als auch eine kompensatorische Schule sein. Aber: Klassengrösse, Integration in den «normalen» Schulbetrieb, Erfüllen des Lehrziels usw. hindern den Lehrer meist, die therapeutische Beziehung wirklich in den Vordergrund zu stellen. Um Therapie, Kompensation und Nachbetreuung tatsächlich durchführen zu können, muss man die Zahl der Schüler sehr klein halten. Eine Kleingruppe wird zudem für den Schüler leichter überschaubar, in ihr fühlt er sich eher geborgen. Damit sich die psychischen und sozialen Probleme der Schüler nicht wieder summieren, ist es wichtig, die Kleingruppen einzeln in der Nähe natürlicher Lebenskreise unterzubringen, die anregend sind, und an deren Leben die Schüler auch teilnehmen können (z.B. Bauernhof, Handwerksbetrieb, Wohnquartier).

Die Schule in Kleingruppen ist kein Ersatz für die Normal- und Sonderklassen, sondern eine Ergänzung des bestehenden

114

Angebotes für Schüler mit schweren Kontakt- und Beziehungsstörungen, affektiven Denkhemmungen und Intelligenzblockierungen. Diese Symptome können bei Schülern in allen Typen der Volksschule auftreten. In die Schule in Kleingruppen werden deshalb Schüler eingewiesen, die eine besondere individuelle Betreuung nötig haben.»

In diesem Versuch arbeiten gegenwärtig vier Kleingruppen. Sie unterscheiden sich in mancher Beziehung voneinander. Das hängt zusammen mit dem Alter, der Gruppenzusammensetzung, den Problemen und der Persönlichkeit der Kinder, mit der Persönlichkeit des Lehrers, mit den vorgefundenen örtlichen Verhältnissen. Ich will hier aber nicht den Schulversuch darstellen. Das wird an anderer Stelle und viel offizieller noch geschehen. Ich will auch keinerlei Ergebnissen vorgreifen. Ich will nur von meiner Arbeit berichten, von den Problemen, die sich uns stellen.

Die Kleingruppe Lufingen

Wir haben in Lufingen ein Haus gemietet. Es steht in einem grossen Garten mit alten Bäumen. Im Haus wohnen noch zwei junge Leute. Der eine, Franz Hübscher[2], ist ein ehemaliger Schüler von mir. Er hat eine Töpferlehre gemacht und jetzt in diesem Haus seine Werkstatt eingerichtet. Er macht wunderschöne Sachen, so richtig «aus dem Bauch heraus».

Anm. 2:
Hier wäre eine Bemerkung zu den Namen angebracht. Diese sind ziemlich zufällig gewählt und stimmen nur in Einzelfällen, wie zum Beispiel hier bei Franz. Der wird nämlich durchaus nicht wütend, wenn er hin und wieder einen Topf verkaufen kann.

Seine Werkstatt liegt gerade neben der Stube, die wir alle gemeinsam benützen. So können meine Schüler, wenn sie Lust haben, jederzeit zu ihm in die Werkstatt gehen und sich selber an die Drehscheibe setzen. In der früheren Garage steht der Brennofen. Gleich daneben, in der ehemaligen Waschküche, haben wir eine behelfsmässige Holzwerkstatt eingerichtet.

In den oberen Stockwerken liegen noch zwei weitere Arbeitsräume und die Wohnräume der Jungen. Auch Romeo, der andere «Hausbewohner» wohnt ganz unter dem Dach. Er ist gerade dabei, sich eine Werkstatt einzurichten. Er will Spielzeugmacher werden. Die beiden Arbeitsräume für die Schüler sehen ganz unterschiedlich aus. Im einen stehen zwei Schreibpulte, an denen ziemlich ernsthaft gearbeitet wird. Im andern muss nicht unbedingt alles aufgeräumt werden. Wenn ein Schüler ein Bild angefangen hat, oder eine Dampfmaschine oder sonst irgend etwas, an dem er am nächsten Tag gleich weiterarbeiten will, so kann er das dort einfach liegen lassen. Er muss nur schauen, dass die Pinsel nicht eintrocknen usw. Eines der Zimmer kann in ein Fotolabor umgewandelt werden.

Die Schüler der Kleingruppe

Meine Schüler sind schon verhältnismässig alt. Der jüngste ist 15-, der älteste 17jährig. Sie sind sehr verschieden, jeder hat seine eigene Geschichte, und jeder hat seine eigenen Probleme, die natürlich mit seiner Geschichte in engem Zusammenhang stehen.

Dieser Satz scheint so selbstverständlich zu sein, dass man ihn eigentlich gar nicht hinschreiben müsste. Und doch ist er sehr nötig. Er gehört zu den Sätzen, bei denen die Leute nicken, die aber doch eher in der Theorie klar sind als in der Praxis. In der Praxis hat das nämlich Auswirkungen, wenn Menschen derart verschieden sind. Um das zu zeigen, möchte ich jetzt einige meiner Schüler zu Wort kommen lassen.

Fritz zum Beispiel hat den grössten Teil seines Lebens im Heim verbracht. Ich lernte ihn kennen, weil sein Betreuer, ein engagierter Sozialarbeiter, fieberhaft eine Möglichkeit für ihn suchte. Er hatte nichts gefunden ausser einer «behüteten Werkstätte für Behinderte». Behindert ist Fritz weiss Gott nicht. Er macht zwar manchmal durchaus den Eindruck. Aber lassen wir ihn selber von seiner «Behinderung» berichten:[3]

Ich kam vom Kindergarten nach Hause und kam in die Küche. Da standen zwei Koffer. Ich fragte meine Mutter, was los sei, ob wir in die Ferien fahren. Sie sagte, ich dürfe in die Ferien fahren. Dann klingelte es. Es war eine Frau mit einem Mann vor der Tür. Meine Mutter weinte.

Ich kam in ein Heim. Wir waren 16 Kinder und drei Erzieher. Es war eine gemischte Gruppe. Ich fragte die Erzieherin, wie lange ich dableiben müsse. Sie sagte: «Einen Monat vielleicht.»

Der Monat verging, und es passierte nichts. Ich hatte mich

Anm. 3:
Etwas zu den Schülerberichten: Ich habe bei denen nur die Rechtschreibung und allenfalls einige verunglückte Sätze «sichergestellt». So sind sie natürlich in der Dichte der Aussage sehr unterschiedlich.

langsam eingelebt, aber ich wollte doch wissen, was mit meiner Mutter los sei. Ich ging zur Erzieherin und fragte sie, was los sei. Ich dürfe doch nach einem Monat wieder nach Hause zu meiner Mutter. Man sagte mir, ich dürfte jedes dritte Wochenende nach Hause.

Ich freute mich sehr, wenn ich nach Hause kam. Ich half meinem Vater, wenn er abends auf den Friedhof ging, um die Tore zu schliessen. Ich habe immer mitgeholfen. Sonntags machten wir meistens einen Spaziergang, und dabei haben sie mich immer auf den Bahnhof gebracht. Am Anfang weinte ich immer. Meine Mutter kam dann auch manchmal ins Heim, aber nur eine Dreiviertelstunde. Die Busverbindungen waren schlecht.

Ich weinte immer, wenn es so weit war, dass meine Mutter gehen musste. Dann sagte meine Erzieherin immer, ich solle aufhören mit Weinen, meine Mutter komme ja bald wieder. Und wenn ich jetzt nicht aufhöre zu weinen, dann dürfe sie eine Weile nicht mehr kommen. Ich hatte Angst, hörte auf zu weinen, obwohl mir nicht danach war.

Am Sonntag hatten alle von meiner Gruppe Besuch, aber meine Mutter konnte nur hin und wieder kommen. Es war sehr schlimm für mich anzusehen, wie die anderen zwei, drei Tüten Süssigkeiten bekamen. Die anderen lachten mich am Abend aus und machten mich neidisch mit Süssigkeiten. Nachts weinte ich immer. Wie konnten Gleichaltrige mich auslachen? Sie waren doch auch nicht besser dran als ich.

Unser Tagesablauf im Heim sah so aus: Morgens halb sieben aufstehen, waschen, Betten machen, sieben Uhr Morgenessen, Ämter machen (Zimmer, Küche, Waschraum, Gang, Wohnzimmer), halb acht Schule bis zwölf, dann Mittagessen holen in der grossen Küche, halb eins Essen, Ämter machen nach dem Essen, Mittagsruhe von eins bis drei Uhr, Kleine schlafen, von drei Uhr bis halb sechs Ausgang, Abendessen, halb sieben Ämter machen, sieben Uhr Fernsehen oder Gemeinschaftsspiele, halb neun Uhr ins Bett, eine gute Nacht!

Ich hatte oft Krach mit den andern. Ich schlug mich manchmal mit einem Gleichaltrigen, und wenn er verloren hatte, ging er zur Erzieherin und sagte, ich hätte ihn geschlagen. Dann musste ich ins Dienstzimmer, und die Erzieherin «schiss mich zusammen». Ich weinte dann wieder. Ich habe oft gehofft, dass ich wieder nach Hause dürfe, aber es war nur ein Traum. Ich musste mich damit abfinden.

Dann kam ich in die Schule. Ich freute mich sehr. Ich sass mit einem Jungen von meiner Gruppe zusammen. Das erste Jahr gefiel mir, und das zweite gefiel mir schon nicht mehr so. Wieso – das weiss der Himmel.

Ich hatte mir die Schule anders vorgestellt. Ich hatte auch oft mit den Schülern Krach. Abends durfte manchmal ein Junge von meiner Gruppe Nachrichten sehen. Er ärgerte mich jedesmal, wenn er vom Fernsehen kam.

Nachts, da wackelte ich mit dem Kopf hin und her in meinem Bett. Dann kam meistens die Erzieherin, schlug mir eine und sagte, ich solle aufhören. Meistens erschrak ich so sehr, dass ich die ganze Nacht nicht mehr schlafen konnte. Oder wenn ich hin und her wackelte, bekam ich ein Buch an den Kopf geschmissen. Dann weinte ich so laut, dass die Erzieherin kam und mich fragte, wieso ich heule. Ich sagte, dass mir einer ein Buch an den Kopf geschmissen habe. Da sagte sie, ich solle ruhig liegen, «dann schmeisst keiner ein Buch».

Ich hatte mit der Zeit auch Schwierigkeiten mit der Erzieherin. Ich wollte mehr unternehmen, und auf der Gruppe konnte man das nicht, weil es auch Kleine gab. Wir unternahmen meistens etwas zusammen. Und das hat mich mit der Zeit angeödet. Ich wollte auf eine Bubengruppe. Das war kurz vor den Sommerferien. Meine Erzieherin meinte, das wäre zu machen, sie würde sowieso nicht mehr mit mir fertig, ich sei so dickköpfig. Ich ging mitten in den Sommerferien auf die neue Gruppe. Ich freute mich auf die andern, wenn sie wieder von den Sommerferien zurückkommen würden. Aber es wurde ein Misserfolg. Ich hatte der Erzieherin von meiner alten Gruppe erzählt, dass ich auf die neue Gruppe wollte, weil dort Grössere waren. Aber es war nicht so. Die Grösseren waren während der Ferien entlassen und durch solche, die gleich alt waren wie ich, ersetzt worden. Ich hatte gehofft, auf dieser Gruppe würde es besser, aber es wurde nur schlimmer.

Ich haute mit der Zeit immer mehr ab, weil es mich so angeschissen hat, in so einem Saustall zu leben. Am Anfang ging es noch, da war der alte Erzieher noch da, man konnte noch nicht machen, was man wollte. Aber dieser Erzieher ging auch schon nach einem Monat. Da fällt mir noch eine Geschichte von diesem Erzieher ein. Ich war bereits zwei Wochen auf der neuen Gruppe, da hatte ich eine ernste Begegnung mit meinem neuen Erzieher. Eines Nachts kamen zwei Kollegen und ich auf die Idee, für einige Stunden wegzugehen. Etwa um ein Uhr schlichen wir uns auf den Dachboden und kletterten zum Dachfenster hinaus. Als wir draussen waren, liefen wir so ungefähr zwei Stunden lang nur so in der Gegend herum. Um drei Uhr kamen wir zurück und gingen wieder ins Bett. Am andern Morgen kam der Erzieher mich wecken. Er fragte mich, wo ich in der Nacht gewesen sei. Ich antwortete, ich hätte die ganze Nacht geschlafen. Er glaubte mir nicht und schlug mich. Später beim Morgenessen tat er, als sei nichts passiert und fragte mich, ob ich gut geschlafen hätte. Ich antwortete: Ja, und lachte leise vor mich hin.

Nachdem er zehn Jahre im Heim verbracht hatte, wurde er dort – er tönt es in seinem Bericht an – «untragbar». Für die folgenden zwei Jahre kam er zu uns. Es waren die ersten, die er ausserhalb des Heims verbrachte, und sie waren dementsprechend turbulent.

Da hat Noldi ganz andere Probleme. Er «stammt» noch aus meiner «alten» Sonderklasse, und damit ist er immer noch nicht ganz fertiggeworden:

Mich scheisst es an, weil ich nie ein Mädchen bekomme. Da bin ich auch selber schuld. Irgendwie habe ich Angst, ein Mädchen anzusprechen und zu fragen, ob sie mit mir gehen wolle. Ich befürchte, dass ich abgewiesen werde. Darum muss bei mir ein Mädchen anfangen. Ich bringe das einfach nicht fertig, und das scheisst mich an.

In unserem Dorf will auch niemand mit mir gehen. Da merke ich, dass ich einfach nicht hübsch genug bin. Kein Mädchen aus diesem Dorf hat je nach mir gefragt. Ich weiss vielleicht auch, warum das so ist: Ich ging nicht lange in diesem Dorf in die Schule. Dann kam ich in die Sonderklasse. Darum kenne ich auch fast niemanden. Ich wurde noch nie an ein Fest eingeladen.

Ich weiss noch: In der vierten Klasse machte einer aus unserer Klasse ein Samichlausfest. Die ganze Klasse hatte er eingeladen, aber ich, das «Dubeli«, durfte natürlich nicht mit. Er sagte nur: «Den Nöldi will ich nicht an meinem Fest.»

So kannte ich bis vor etwa einem halben Jahr fast niemanden.

In letzter Zeit gehe ich mit Markus zum Schulhaus, weil dort abends immer ein paar Junge sind, ab und zu auch Mädchen. Kein Mädchen hat bis jetzt von mir etwas wissen wollen.

Ich habe schon ein paarmal gedacht: Ich will nichts mehr von Mädchen hören. Nicht weil ich schwul sein möchte, sondern weil mir die Mädchen zum Hals heraushängen. Aber sobald ich ein Mädchen sehe, habe ich das vergessen und denke: Gefalle ich vielleicht diesem Mädchen? Aber es wird wieder nichts draus, denn ich habe einfach kein Glück.

Ich habe ein ferngesteuertes Schiff vom Lehrer bekommen. Ich dachte: Damit gehen vielleicht die Gedanken nach Mädchen weg. Aber das brachte ich nicht fertig, ich denke immer daran. Ich hoffe auch immer auf den Samstagabend und denke: Vielleicht finde ich dann ein Mädchen. Aber es ist immer dasselbe.

Mit Adrian habe ich einen regelrechten Briefwechsel geführt, bevor er zu mir in die Schule kam.

Lieber Herr Jegge! Ich habe einen Teil Ihres Buches gelesen, und dabei sind mir einige Bilder von früher in den Sinn gekommen.

Ich möchte mit der Primarschule anfangen. Ich war dort ein braver Schüler, der sich immer den gutbürgerlichen Verhältnissen angepasst hat. Ich ging tagsüber in die Schule, und wenn die Schule aus war, musste ich nach Hause gehen und Aufgaben machen, während die anderen spielten. Meine Mutter wollte immer alles kontrollieren. Manchmal, wenn ich mich weigerte, bekam ich eine Ohrfeige.

Ich erinnere mich an eine Szene, als ich in der zweiten Klasse war. Ich hatte wieder ein paar Ohrfeigen eingefangen und sass schon den ganzen Abend an den Aufgaben. Da fing ich plötzlich an zu weinen und sagte, ich könne doch nichts dafür, dass ich das nicht verstehe. Ich sei ja nur ein Roboter, der von Gott gelenkt werde. Als ich dann eine halbe Stunde geweint hatte, brachte mich meine Mutter ins Bett.

Ein anderes Bild: Ich kam sehr nervös von der Schule nach Hause und bekam Streit mit meinem kleinen Bruder. Meine Mutter half dann meistens ihm und hänselte mich auch. Dann wurde ich richtig wütend und fluchte sie an. Dann haute sie mir eins. Das kam ziemlich oft vor.

Oder ich hatte einmal eine braune Lederjacke. Meine Mutter sagte, ich solle hinausgehen und mit den andern spielen. Sie gab mir die Jacke und sagte, ich solle sie anziehen. Ich weigerte mich, bis sie mir sie mit Gewalt anzog und mich hinausstellen wollte. Da fing ich an zu weinen und sagte, ich dürfe doch nicht mitspielen. Und sie stossen mich aus, die Kameraden. Ich hatte furchtbar Angst vor der Tür und wollte wieder hinein. Meine Kameraden sahen das alles. Da kam meine Mutter heraus und sagte, sie sollen auch mit mir spielen. Ich schämte mich sehr, dass meine Mutter das machte.

Oder ich kam einmal nach Hause. Ich hatte Streit mit den Kameraden und sagte kein Wort, bis ich wieder in die Schule ging, während des Essens. Meine Mutter hänselte mich dann. Ich hätte ihr am liebsten eine gehauen. Auf dem Weg zur Schule wollte ich abhauen, tat es aber nicht.

Und nun zu meinen Kameraden. Im Kindergarten wurde ich die ganze Zeit von Gleichaltrigen und Älteren zusammengeschlagen. Fünf oder sechs waren gegen mich. Ich kam dann immer heulend heim. Ich war früher ein grosser Tolpatsch und wurde von den Schülern und dem Lehrer immer wieder darauf aufmerksam gemacht. Ich wurde dann zum Klassenclown. Wenn ich heute zurückdenke, war ich einfach der gutmütige Trottel, der alles mitmachte.

Wir hatten einmal eine Gruppe von vier Kameraden. Wir mussten so Prüfungen machen. Die, die ich machen musste, waren sicher schwerer als die, die andere machten: Ich war ja der Trottel. Einmal befahlen sie mir, an den Baum zu stehen und die andern hochzuheben. Ich weigerte mich und fragte: Warum ich und nicht ihr? Wir fingen an zu streiten, und sie probierten, mich zusammenzuschlagen. Ich konnte mich befreien und rannte zu meinem älteren Freund. Wir beide sind heute die «Schlechten» in unserem Dorf. Er half mir immer. Ich rannte zu ihm nach Hause, doch ich weinte nicht.

Ein anderes Mal – es war im Winter – fuhren wir Schlitten. Wir waren den ganzen Tag zusammen, und als es dunkel war, sagte ein Mädchen plötzlich, dass mich die andern vom Schlitten schmeissen wollten. Ich sass gerade auf dem Schlitten, und die beiden kamen. Ich fuhr hinunter, und sie warfen sich auf mich, bis ich wegrannte. Ich musste später ein Jahr weg. Seitdem bekomme ich überhaupt keinen Kontakt mehr in unserem Dorf. In letzter Zeit stossen sie mich richtig aus. Was habe ich ihnen getan?

Jetzt, wo ich das geschrieben habe, habe ich geschwitzt und bin jetzt sehr nervös und muss ins Bett. Wie soll ich fertig werden damit? Ich habe das Gefühl, ich drehe durch. Ich war auch schon gestern so nervös.

Der nächste Brief:

Lieber Herr Jegge! Ich möchte heute mit meinem Brief wei-
terfahren. Ich habe mir einige Gedanken gemacht über mei-
nen ersten Brief und ich sehe heute ein paar Sachen anders als
früher.

Ich habe Ihnen geschrieben, dass ich viel zusammengeschla-
gen worden bin im Kindergarten. Ich sehe jetzt, dass ich in
den letzten Jahren meiner Primarschulzeit nur ein Mitläufer
war. Ich habe alles gemacht, was die Kameraden wollten, und
habe mich verhalten, wie sie sind, weil ich Angst hatte, dass es
mir so ergehe wie im Kindergarten. Die letzte Klasse in unse-
rem Dorf war für mich auch wieder wie ein Kindergarten.

Ich möchte Ihnen jetzt noch einige Erlebnisse berichten. Seit
ich wieder in unserem Dorf war, wollte ich immer eine Freun-
din haben. Als ich sah, dass meine Freunde immer Freundin-
nen hatten und ich nicht, stimmte mich das immer traurig. Als
ich vor einem Vierteljahr aus der Schule rausflog, war ich fer-
tig mit den Nerven. In diesem Augenblick lernte ich ein Mäd-
chen kennen, das ich wahnsinnig liebte. Ich schrieb und tele-
fonierte ihr immer. Später erfuhr ich von meinem Freund,
dass sie Schluss gemacht hatte mit mir. Sie selber hat nie etwas
in der Richtung gesagt. Kurze Zeit nachher wollte ich weg. Ich
lernte einen Schwulen kennen. Ich ging mit ihm und bekam
hundert Franken und einen Tripper, der nachher durch Sprit-
zen wieder geheilt wurde. Ich kam dann zu meinem Onkel
und lernte seine Haushälterin kennen und schlief auch mit ihr.
Zwei Wochen später stellte ich ihr ein paar Kameraden von
mir vor. Am Abend waren wir wieder zusammen. Ich war
schon betrunken, da sah ich, wie sie mit einem meiner Kame-
raden schlief.

Diese Ereignisse liegen noch heute tief in meinem Herzen. Ich
finde, es ist gut, wenn Sie das wissen.

Toni kam aus einer akuten Notsituation heraus zu uns.

Die Schwierigkeiten in der Schule begannen, als die Schüler-
zeitung, bei der ich Redaktor war, etwas über den Pausen-
platz schrieb. Da ich ja Chefredaktor war, musste ich natür-
lich zum Hausvorstand. Zwei Mitarbeiter mussten auch noch
mitkommen. Es wurde uns gesagt, dass es sich mehr lohnen
würde, für die Schule zu arbeiten. Wir bekamen das auch sehr
zu spüren, indem man uns auf unsere schlechten Noten auf-
merksam machte. Meine Lehrerin sprach nach dieser Bespre-
chung mit mir. Sie sagte mir, dass meine Noten immer schlech-
ter würden. Ich solle doch die Schülerzeitung aufgeben. Sie
bot mir ihre Hilfe im Französisch an. Ich hätte dies gerne ge-
tan, denn meine Noten waren wirklich sehr schlecht gewor-
den. Aber der Preis, den ich dafür geben sollte, war zu gross.
Ich machte seit mehr als einem Jahr diese Schülerzeitung. Und
jetzt sollte ich damit aufhören. Ich wollte das nicht.

Nach diesem sprach die Lehrerin nur noch das Nötigste mit mir.
Nach etwa zwei Wochen lernten wir in einem Wochenende
der Schülerzeitung den Sekretär des Vereins Schweizerischer
Mittelschüler kennen, der uns wieder Mut machte. Er sagte,
die Schülerzeitung dürfe ohne Grund nicht einfach verboten
werden. Er bot uns seine Hilfe an und sagte, er würde dem
Hausvorstand einen Brief schreiben und ihn auffordern, eine
Begründung abzugeben. Das war etwa eine Woche vor den
Herbstferien.

Da meine Lehrerin bis zum Zwischenfall mit der Schülerzei-
tung immer sehr gut mit uns gestanden hatte, erzählten wir
das ihr. Das hätten wir lieber nie getan, denke ich immer,
wenn ich daran zurückdenke. Die Reaktion von Fräulein C.
verblüffte mich wahnsinnig. Wir erzählten es ihr, und sie
schrie mich an. Sie schickte uns nach Hause. Als ich am Nach-

mittag in die Schule kam, war sie gerade dabei, den andern zu erzählen, wie schlecht ich in der Schule sei. Sie erzählte auch Sachen, die ich ihr einmal erzählt hatte, als ich mit ihr alleine sprach. Sie sagte allen vor der Klasse, sie sollten mit mir nur reden, wenn es nötig sei.

Sie begann alles an mir zu kritisieren. War ein kleiner Fehler oder etwas durchgestrichen, fügte sie bei der Abgabe der Hefte immer etwas dazu. Verteilte sie Prüfungen, sagte sie immer: «Toni, hier braucht es keinen Kommentar.» Sprach meine Nachbarin mit mir, so hiess es immer, ich sei ein Aufhetzer. Auch musste ich fast täglich zum Hausvorstand. Jedes Mal, wenn es klopfte, zuckte ich zusammen. Als ich das Zeugnis bekam, sagte sie: «Hier ist das Resultat der Schülerzeitung.» Im Rechnen fiel ich von einer 4-5 auf eine 2-3. Ich konnte das Zeugnis meinem Vater bis nach den Ferien nicht zeigen. Als ich die Absage meiner Lehrstelle bekam, zeigte ich beides.

Ich sass in der Schule nur noch in meiner Bank und sah aus dem Fenster. Fräulein C. machte immer Witze über mich. Sie sagte: «Ich mache dir einen Pullover mit einem V auf dem Rücken – das heisst ‚vorig’ (‚überzählig’).» Ich hasste die Schule wahnsinnig. Im Januar sprach Fräulein C. mit mir. Sie meinte, es könne so nicht weitergehen. Sie sagte, sie melde mich bei einem Psychologen an. Ich meinte, sie glaubte, ich sei nicht mehr normal. Ich bekam wahnsinnige Angst. Ich fügte mich ihrem Wunsch und kündigte bei der Schülerzeitung. Die Lehrerin, die uns dort half, wollte den Grund wissen. Ich sagte, ich halte es in der Schule nicht mehr aus. Da ging sie zu meinem Vater. Sie empfahl ihm, mich versetzen zu lassen. Mein Vater tat das, und ich beruhigte mich. Ich nahm mich in der Schule zusammen, bis ich erfuhr, dass es mit der Versetzung nicht klappte. Fräulein C. sprach mit mir kein Wort

*mehr. Ich wurde auch nie drangenommen, um eine Aufgabe
zu lösen.*

*Als ich nicht versetzt wurde, war sie sehr nett zu mir. Aber
nach kurzer Zeit gab es wieder Probleme. Ich konnte nicht
mehr richtig arbeiten. Sie merkte es, und ich musste einen
Aufsatz machen. In dem musste ich schreiben, warum ich so
abgestellt sei. So ging es weiter, bis ich einfach nicht mehr weiter wusste.*

Wichtig sind mir in unserem Zusammenhang vor allem die
drei letzten Beispiele. Die Buben waren in ihrer früheren
Klasse nie aggressiv und landeten deshalb erst sehr spät beim
Schulpsychologen. Aber ihre Probleme sind weiss Gott drängend genug.

Zudem ist das, was sie berichten, nur ein Teil der Probleme,
die sie sonst noch belasten.

Daran muss ich immer denken, wenn etwa gesagt wird: «Das
ist alles viel zu schwarz gesehen. Das sind doch nur die Probleme einer kleinen Minderheit, und von der darf man nicht
auf die grosse (schweigende) Mehrheit schliessen. Denn der
geht es nämlich durchaus gut.»

Wie ist denn das eigentlich? Noldi ist ein ganz gewöhnlicher,
unauffälliger Sonderschüler (allerdings kann er seine Probleme für einen «Geistesschwachen leichteren Grades» recht
gut darstellen). Adrian ist ein ganz unauffälliges Mittel-
schichtskind und Toni ein ganz gewöhnlicher, unauffälliger
Arbeiterbub. Alle drei mehr oder weniger zufällig herausge-
griffen aus der grossen Mehrheit, der es so problemlos gut gehen soll. Bei Adrian und bei Toni hiess es, als sie in die

Gruppe eingewiesen wurden: «Aber wenn die da hineingehören, gehört mancher andere auch da hinein.» Die Leute, die das sagten, kannten natürlich die Geschichten nicht, die die beiden hier berichten. Wenn sie wüssten, wie wahr sie gesprochen haben.

Was ist denn diese Kleingruppe?

Wie soll man also «Schule halten» mit Kindern, die so verschieden sind und die zudem von so drängenden Problemen umgetrieben werden? Es gibt keinen anderen Weg als aufs «Schule halten» zu verzichten, die Schule also fallen zu lassen und sich auf die Verschiedenheit und die Lösung der dringendsten Probleme zu konzentrieren. Ob das Ganze dann noch mit «Schule» im herkömmlichen Sinn zu tun hat, ist natürlich eine Frage der Definition. Aber es darf für die praktische Arbeit nicht entscheidend sein.

Man könnte es vielleicht so sagen: Eine solche Kleingruppe ist der Versuch, Kindern, die in irgendeiner Weise an den formalen Anforderungen der Institution «Schule» gescheitert sind, zu helfen, indem man mit ihnen genau das Gegenteil dessen tut, was mit ihnen bisher geschehen ist: indem man sie als einzelne behandelt, stärkt und ihnen Mut gibt, ihre eigenen Probleme zu lösen. Das ist in der Praxis genau so umständlich, wie es hier klingt. Liselotte zum Beispiel ist jetzt 16 Jahre alt. Sie hätte eigentlich ihre Schulzeit hinter sich. Sie müsste jetzt endlich einmal «etwas Rechtes» tun. Die Eltern, die Verwandten usw. sind dieser Ansicht. «Etwas Rechtes» heisst für die ehemalige Sonderschülerin zum Beispiel in einem Supermarkt Gestelle auffüllen. Sie hat jetzt aber langsam Freude am Lernen bekommen. Es hat lange gedauert, aber jetzt ist es soweit. Dazu kommt, dass sie sehr gerne mit Kindern arbeitet. Sie möchte etwas später eine Lehre in einer Kinderkrippe machen. Dazu ist sie aber schulisch noch nicht weit genug.

Sie arbeitet jetzt drei Tage in der Woche in einem Kinderhort, wo sie sich sehr wohl fühlt und wo sie viele Anregungen empfängt. Zwei Tage kommt sie in die Schule und arbeitet (meist) an der «Abrundung ihrer Schulbildung».

Ein anderer – ehemaliger Schüler – will die Matura machen. Fernkurs, Akademikergemeinschaft. Er hat sich seinen Arbeitsplatz auch in unserem Haus eingerichtet und arbeitet meist während der Schulzeit daran. So bin ich in der Nähe, wenn er mich braucht. Zudem ist ein jetziger Schüler – ein ehemaliger Realschüler – ebenfalls an der Matura. So können sich die beiden gegenseitig unterstützen.

Ein Schulmorgen in der Kleingruppe

Hier der Bericht eines jungen Journalisten, der für eine Solothurner Zeitung unsere Gruppe besucht hat:

«Das Zürcher Unterland ist für Leute, die auf öffentliche Verkehrsmittel angewiesen sind, ziemlich unzugänglich. Deshalb hat mich Jürg Jegge mit seinem Auto in Zürich abgeholt. Die Fahrt führte zuerst am ‚Schulhaus' in Lufingen vorbei nach Embrach, wo Jegge seine Wohnung hat. Wir müssen dort zuerst die Schüler zusammentrommeln.

Zwei Schüler wohnen im Moment mit Jegge zusammen, weil sie von weither kommen und im Dorf gerade keine geeignete Wohngelegenheit haben. In der Wohnung ist es noch ruhig. Stephan und Michi müssen zuerst noch geweckt werden. Doch allmählich füllt sich das Wohn- und Arbeitszimmer. Auch Martin und Hans, die bei ihren Eltern wohnen, stossen zu uns. Hans wird sofort munter, wie ihm Jürg erzählt, er habe ihm eine Dampfmaschine mitgebracht, die er zusammensetzen könne.

Im Schulhaus gibt's dann zuerst das Morgenessen. Während Jürg Kaffee kocht, bastelt Hans bereits an seiner Dampfmaschine. Martin übt an einem Diktat. Dann sitzen wir um den Tisch und essen. Das Gespräch hüpft zwanglos von einem Thema zum andern. Stephan wird gefragt, warum er gestern nicht zur Schule gekommen sei. Seine Erklärung, er sei zu müde gewesen, genügt allen.

Heute fehlt Lilian. An jeweils drei Tagen in der Woche arbeitet sie in einem Kinderhort. Der grosse Raum, in dem wir sitzen, soll neu gestaltet werden. Eine neue Lampe soll rein, und einige Bilder müssen ausgetauscht werden. Was geschieht mit dem Tischchen, was mit dem TV? Einmal sagt Martin aus seinem bequemen Sessel hervor: «Ich will noch das Diktat schreiben.» Jegge: «Soll ich dir's gleich diktieren?» Doch Martin hat im Moment noch keine Lust dazu. Er sagt dann, wenn es soweit ist. Jegge fragt, ob sonst noch jemand das Diktat schreiben möchte. Doch heute mag niemand, auch Stephan nicht. Stephan wird nach den Ferien zusammen mit einem anderen einen Kurs an der Akad beginnen, der ihn auf die Matura vorbereiten soll. Den beiden steht dann ein Raum mit zwei Pulten zur Verfügung: doch ob und wann sie arbeiten wollen, liegt an ihnen. Jegge treibt niemanden an oder sagt, was er zu tun hat. Jeder soll das machen, wozu es ihn gerade treibt. Doch wenn er bei seiner Arbeit Hilfe braucht, ist Jürg für ihn da. Das sind die paar Augenblicke, in denen Jürg zu einem fast normalen Lehrer wird.

Überraschend an diesem Geplauder: Jegge steht immer im Zentrum. Nicht, dass er sich aufdrängen würde. Die Gespräche laufen wohl unbemerkt alle ganz einfach über ihn. Doch das gehört zum Konzept des Versuchs. Die Schüler in der Kleingruppe sind in einer psychischen Situation, die es ihnen schwer macht, eine Beziehung aufzubauen. Die Herstellung der Beziehungsfähigkeit ist das wichtigste Ziel der Kleingruppenschule. Das soll durch das Vertrauen des Lehrers in den Schüler erreicht werden. Die Schule lebt deshalb zur Hauptsache von lauter einzelnen intensiven Lehrer-Schüler-Beziehungen.

Das Morgenessen ist eigentlich beendet, doch liegen noch alle in ihren Sesseln. Nur Hans, der gar keine Zeit zum Essen fand, arbeitet an seiner Dampfmaschine. Schliesslich verzieht sich Michi und beginnt zu malen. Und Martin möchte jetzt das Diktat schreiben. Auch Stephan macht jetzt mit. «Schreibt man Verantwortung gross und mit V? Aber warum denn, man kann es ja nicht berühren? So habe ich es in der Schule gelernt.» Dazwischen wird Jürg beim Diktieren von Hans unterbrochen, der irgend etwas über die Dampfmaschine wissen will.

Hans ist ein Erfinder. Ich kann eine seiner Maschinen bewundern. Wird an sie ein aufgeblasener Ballon gehängt, beginnt sie sich zu drehen. Doch unterdessen hat auch Martin eine Erfindung gemacht. Er hat einen Ballon mit Wasser gefüllt, vorne ein Glasrohr angehängt und bespritzt nun Hans.

Jegge ist morgen nicht da. Soll er jemanden suchen, der einspringen kann? Die Schüler ziehen es vor, sich morgen selber zu beschäftigen.

Jürg Jegge nimmt sich aber morgen nicht einfach einen freien Tag. Er fährt nach Deutschland, wegen einer Lehrstelle für Michi. Michi will Töpfer lernen, kann aber als Ausländer in der Schweiz keine Lehrstelle finden. Nächste Woche fährt er dann zusammen mit Jürg selbst hin. Jetzt muss er noch hier bleiben, weil sein Pass gerade auf der Botschaft ist.»

Ist dies schon Tollheit, hat es doch Methode. Was hier wie ein rein zufälliges Durcheinander aussieht, ist in Wirklichkeit gar nicht so chaotisch. Es sind drei Dinge, die sich hier erkennen lassen.

Erstens: das morgendliche Gespräch. Berthold Otto[4] hat das als «Gesamtunterricht» bezeichnet. Gesamtunterricht nicht in dem Sinne, wie er heute etwa praktiziert wird, wo möglichst viele Schulfächer unter ein Gesamtthema («Der Bauernhof») gestellt werden. Die Künstlichkeit des Schulunterrichts bleibt so erhalten. (Oder kennen Sie einen Bauern oder Bauernbuben, der Sätze über «Die Wiese» formuliert, mit Eiern rechnet, Kühe malt und singt: «Im Märzen der Bauer»?)

Gesamtunterricht meint hier: dass man die Schüler dort «abholt», wo sie sich befinden, sie ihr Leben, ihre Probleme mit in die Schule einbringen lässt, sie an ihrem Leben, an meinem Leben und am Leben um uns herum lernen lässt. Da werden Erfahrungen, aber auch Zeitschriften oder Bücher, Besucher, Berichte von Fernsehsendungen usw. in kunterbunter Rei-

---

Anm. 4:
Berthold Otto war eine der originellsten Gestalten der Schulreformbewegung zu Anfang dieses Jahrhunderts. Er gründete 1906 die «Hauslehrerschule» in Berlin, wo er auf eine völlig unübliche Weise unterrichtete.

henfolge mitgeschleppt. In aller Ruhe sprechen wir darüber. Was ist für uns wichtig und warum? Was für Einstellungen, Gedanken usw. stehen dahinter? Was können wir damit anfangen – oder dagegen tun? All das wird überlegt, nicht als gelenktes «Schülergespräch», sondern ganz spontan, wie es sich eben ergibt. Dazu gehört auch, dass nicht von mir oder von irgend jemand anderem «Themen» vorgeschlagen werden. Wir fangen einfach irgendwo an, und wenn das Gespräch für die meisten interessant genug ist, bleibt es schon irgendwo hängen. (Am beschriebenen «Schul»-Morgen ging es gerade um die Umgestaltung der gemeinsamen Stube.)

Man mag einwenden: «Die Kinder sind ohnehin einer wahren Flut von Eindrücken ausgesetzt. Da sollte die Schule nicht auch noch mittun.» Mir scheint es aber im Gegenteil grundfalsch, diese Einflüsse nach Möglichkeit auszusperren und sich in aller Ruhe irgendwelchen Schulfächern zu widmen, um die Kinder dann nach Schulschluss völlig schutzlos diesen Einflüssen preiszugeben. Richtiger scheint es mir, diese gemeinsam zu verarbeiten, da sie nun einmal bestehen. Ich selber habe immer viel mehr gelernt an dem, was ich erlebt habe, als von dem, was mir irgendeine Lehrperson didaktisch zubereitet hat.

Zweitens: das Frühstück. Das ist wohl das Auffälligste für einen Schulbesucher. Manche sind regelrecht erschüttert, wenn sie sehen, wie während des erwähnten Gesprächs ausgiebig gefrühstückt wird, und wagen fast nicht mitzutun. Ich muss immer heimlich lachen. Was die Schule sonst alles macht, Zähne putzen, Wälder säubern, Marken verkaufen und weiss der Himmel was noch, das geht ohne grosses Aufsehen über die Bühne. Aber frühstücken, nein. Vielleicht, weil es von all den aufgezählten Dingen das einzige wirklich lustvolle ist? Wenn ich dann einem solchen Besucher listig erkläre, dass das ja auch mit Pflichten verbunden sei wie Kaffeekochen, Tischdecken, Abwaschen, kurz, mit Tätigkeiten, die wieder deutlich weniger lustvoll sind, ist er meist versöhnt. Er bemüht sich, ein pädagogisches Gesicht zu machen und sagt etwa: «Ach so. Ja, es ist immer gut, wenn jedes Kind sein Ämtlein hat (oder sonst irgendeinen Unsinn).»

Dabei ist die Sache ganz einfach: Ich habe schon mehrmals festgestellt, dass viele Kinder in die Schule kommen, ohne gefrühstückt zu haben. «Ein voller Bauch studiert nicht gern», heisst es zwar. Aber dieser Satz dürfte von irgendwelchen pädagogischen Eseltreibern erfunden worden sein. Ich würde eher sagen: «Ein leerer Bauch kann gar nicht studieren». Zudem ist es ganz einfach angenehm, mit andern Menschen zusammen in aller Ruhe etwas zu essen und ein wenig zu plaudern. Das spüren die Schüler auch und schätzen es.

Der «Gesamtunterricht als gemeinschaftliches Gespräch im Sinne Berthold Ottos» vollzieht sich bei uns also meist als Tischgespräch bei Kaffee und Gipfeli und verliert so allfällige Reste von Künstlichkeit. Aber: Eine «Methode» ist das nicht, und eine Religion machen wir auch nicht draus. Es hat sich einfach so ergeben, es erweist sich als vernünftig und angenehm zugleich, und vielleicht machen wir das in ein paar Jahren wieder ganz anders.

Drittens: die «zusätzliche Schularbeit». Dinge wie Rechtschreibung oder Prozentrechnen allerdings lernen sich nicht, indem man Gipfeli isst. Die werden nach dem Frühstück getan. Eben «die Augenblicke, in denen Jürg zu einem fast normalen Lehrer wird».

Aber: Der Schüler darf mein Angebot «Komm, wir machen ein Diktat» jederzeit auch ablehnen. Wenn er seine Augen wirklich offen hat, sieht er bald, dass man gewisse Dinge einfach wissen oder können muss. Zu dieser Einsicht will ich ihm verhelfen, zum Beispiel auch durch das morgendliche Gespräch. Und bis jetzt ist noch jeder Schüler draufgekommen, dass es gar nicht so abwegig ist, sich mit Rechnen, Rechtschreibung usw. zu beschäftigen. Wichtig ist es, dass ich dann mit Material bereitstehe, ihm «Futter» geben kann. Wichtig ist auch, dass ich den Überblick behalte. Was beherrscht dieser Schüler einigermassen? Was muss er noch lernen, wenn er Bäcker (Töpfer, Maler) werden will? Natürlich sprechen er und ich auch zusammen darüber.

Daneben führen die Schüler auch Projekte aus, die im Gespräch aufgetaucht sind (Dampfmaschinen bauen). Man kann also sagen: Die weitere Schularbeit entwickelt sich aus dem morgendlichen Gespräch.

Hinter dem für einen Besucher feststellbaren Chaos steckt also einiges an Arbeit. Aber wenn der Besucher da ist, werden die Schüler kaum – wie es in sogenannten Normalklassen geschehen kann – plötzlich wie die Wilden zu arbeiten beginnen. Das scheint mir ganz logisch zu sein. Wenn ich Besuch bekomme, setze ich mich ja auch nicht an meinen Schreibtisch und lasse den Besucher einfach herumstolpern, nur um zu zeigen, wie fleissig ich bin. Bei meinen Schülern ist das nicht anders, es sei denn, sie sind gerade an einer Arbeit, die sie wirklich gefangennimmt, und möchten sich dabei nicht stören lassen. So hatte beispielsweise Hans eine richtige «Distillerie» zusammengebaut. Er war gerade dabei, irgendeinen Schluck sauren Ostschweizer Weines zu destillieren, als ein Besucher das obere Zimmer betrat und pädagogisch-freundlich fragte: «Und du, was machst du hier?» Der Besucher war offensichtlich froh, jemanden gefunden zu haben, der etwas tat. Hans drehte sich um und sagte kurz: «Schnaps».

Was wollen wir?

In unserer Gruppe sind nicht nur Sonderklässler. Aber alle haben etwas gemeinsam: dass seelische Schwierigkeiten sie mehr oder weniger deutlich erkennbar blockieren. Dieses Problem ist mir allerdings vertraut von meiner Arbeit mit «gewöhnlichen» Sonderklässlern her. Darüber habe ich bereits berichtet[5].

Meine grundsätzliche («therapeutische») Haltung diesen Schülern gegenüber löst auch bei den Nicht-Sonderklässlern Prozesse aus, die ich von den Sonderklässlern her kenne. Auch sie sind zunächst brav, höflich, angepasst. Der Druck von früher wirkt noch nach. Bald beginnen aber auch sie aggressiv zu werden, mich zu hintergehen, blosszustellen, zu betrügen usw. Die «Bubeliphase» hat begonnen. Aber auch hier ist zu entdecken, wie sich langsam eine Beziehung zu mir anzubahnen beginnt, so dass wir gemeinsam daran gehen können, die drängendsten Probleme zu lösen. Auch sie werden mit der Zeit offener, mutiger, und beginnen schliesslich eigene, neue Beziehungen aufzunehmen. Ich möchte mich nicht wiederholen. Aber ich will noch auf zwei Punkte hinweisen, die mir wichtig scheinen.

Erstens: Freiheit

Dieser therapeutische Prozess kann nur ablaufen, wenn er von aussen nicht unter Druck gerät. Die Schüler, die jetzt neu hinzugekommen sind, sind relativ alt. Das bedeutet: Sie haben schon ziemlich viele negative Erfahrungen gemacht und sind dementsprechend belastet. Sie stehen meinem Angebot

Anm. 5:
im Kapitel: «Einige pädagogisch-therapeutische Probleme» in «Dummheit ist lernbar», S. 151 ff.

«Ich meine es ernst mit dir» umso misstrauischer gegenüber, wobei es gar keine Rolle spielt, ob sich dieses Misstrauen als ablehnende, verschlossene Haltung oder als höfliches, aber eben nur scheinbares Mitmachen äussert. Auf jeden Fall aber misstrauen sie zuerst der Freiheit, die ihnen gewährt wird. Sie haben das Gefühl: «Der Druck, den ich bis jetzt immer gespürt habe, ist offensichtlich weg. Aber irgendwo muss er noch sein; einfach versteckter und darum umso hinterhältiger. Irgendwie muss doch diese ganze Zahnrädchenschleiferei weitergehen. Irgendwann wird sich die mir entgegengebrachte Haltung, die Freiheit, die ich geniesse, als eine doch nur scheinbare entpuppen.» Solange ein Mensch das so spürt, kann vom Aufbau einer wirklich tragenden Beziehung keine Rede sein.

Natürlich hat jede Freiheit ihre Grenzen. Es ist aber sehr wichtig, dass diese dorthin zu liegen kommen, wo sie von der Sache her eigentlich hingehören. Dort nämlich, wo ein Kind sich selbst oder einem andern eindeutig schadet, und nicht schon dort, wo blosse Normvorstellungen verletzt werden (zum Beispiel: «So etwas ist doch keine Schule»).

Wie wohltuend eine solche Freiheit sein kann, möchte ich mit dem Bericht eines Schülers zeigen.

Ich bin heute die erste Woche wieder in der Schule gewesen. Es ist für mich etwas ganz Neues. Ich habe bis jetzt zehn Schuljahre gehabt, aber noch nie habe ich solch eine Woche erlebt. Für mich war die Schule immer etwas, wo ich mich überhaupt nicht wohlfühlte. Ich hatte richtig Angst vor ihr. Auch wenn ich erst die erste Woche hier bin, fühle ich mich schon ziemlich wohl. Ich spreche zwar wie in allen andern neuen Sachen nur das Nötigste. Auch stört es mich überhaupt nicht, wenn jemand von den Mitschülern sagt: «Sag doch auch mal was». Früher hätte ich mich dann am liebsten in den tiefsten Keller verkriechen können. Für mich ist diese Schule so neu, dass ich es gar nicht glauben kann, dass es so etwas gibt. Ich freue mich richtig auf die Schule. Schade ist, dass die Stunden so schnell vergehen. Auch wenn ich manchmal nur dasitze und den andern zuschaue, was sie machen, fühle ich mich nicht vorig (überflüssig) wie in der richtigen Schule. Heute haben wir in der Schule nur gefrühstückt und ein wenig durch das Mikroskop geschaut. Ich habe dabei ein wenig diese Schule mit der früheren verglichen. Auch habe ich darüber nachgedacht, was ich in den zehn vergangenen Schuljahren gelernt habe. Ich kam darauf, dass ich Schreiben gelernt habe, ich lernte, dass ich ruhig sein soll, da ich immer am wenigsten wusste. Ich wusste zwar schon einige Sachen, aber immer zuwenig für dieses Schuljahr. In dieser Schule kommt es meiner Meinung nach gar nicht so sehr auf das Alter und auf das Wissen an. Zum ersten Mal möchte ich etwas lernen. Vorher war das Lernen für mich eher unangenehm. Ich glaube auch, dass ich etwas lernen kann. Ich konnte, glaube ich, nur wegen der Umgebung, in der ich war, und weil ich mich nicht wohl fühlte, nichts lernen. Ich glaube, nur wenn man Freude an der Schule hat, kann man etwas lernen.

Wie würde der Schreiber dieses Berichtes reagieren, wenn er entdecken müsste, dass die Freiheit, die er hier geniesst, nur eine scheinbare ist? Wenn ich so nach zwei Wochen plötzlich zu ihm sagte: «So, du hast jetzt genug gefaulenzt, irgendwo gibt's eine Grenze.»

Damit wirklich therapeutische Beziehungen entstehen können, ist es aber auch nötig, dass ich selber ungefähr die Freiheiten geniesse, die ich meinen Schülern gebe. Das war jahrelang nicht der Fall. Jahrelang habe ich davon gelebt, dass meine unmittelbar vorgesetzte Schulbehörde nicht alles mitbekam, was so in meiner Schule lief.

Nicht etwa, dass die Schulbehörde-Mitglieder einfach «bösartig» gewesen wären. Aber ich habe es – nicht nur bei «meiner» Schulpflege – zur Genüge erlebt: Immer wenn ich davon berichtete, wie es in so einer Schule zugehen kann, gingen die Zuhörer von ihren eigenen (meist sehr geordneten) Vorstellungen von «Schule» aus und stellten sich dann einen etwas lockereren Betrieb in ihrem Sinne vor, einen mit Pseudofreiheiten eben. Sie kamen einfach nicht über ihre eigenen Vorstellungen und vor allem nicht über ihre damit verbundenen Gefühle hinaus. Und ich stand vor der Wahl: Entweder führst du einen Betrieb in diesem Sinne, einen, der auch jederzeit vorzeigbar wäre, wo man Besucher hinschicken könnte, um zu zeigen, wie fortschrittlich das örtliche Schulwesen ist. Dazu hätte ich aber Druck ausüben müssen, der den Aufbau der therapeutischen Beziehung gefährdet hätte. Oder aber: Wenn du das alles nicht willst, musst du es halt auf dich nehmen, als «schlechter Lehrer» dazustehen. Ein Schulpfleger, mit dem ich darüber sprach, sagte mir: «Und wenn Sie gehen müssen, wenn Sie Ihre Stelle aufgeben müssen, weil wir Sie fortschicken, wieviel haben Sie dann für Ihre Kinder erreicht?»

Dazu kommt noch ein Zweites: Mir ist immer aufgefallen, wie eng bei vielen Leuten Misstrauen in Beziehungen und Misstrauen in die Freiheit zusammenfallen. Das muss damit zusammenhängen, was die Betreffenden in ihrem persönlichen Leben erfahren haben. Dieselben Leute, die immer bemängelten, dass die Kinder bei mir zuviel Freiheiten besässen, unterschoben denselben Kindern auch Unaufrichtigkeiten oder Betrügereien.

Diese Probleme sind für mich jetzt weit weniger drängend. Unser Schulversuch gibt dem einzelnen Lehrer ein Mass von Freiheit (und Verantwortung), von dem die Kollegen an der Normalschule nur träumen können. Darum kann ich jetzt wirksamer arbeiten – im Interesse der Kinder. Meinen Kollegen, die am Versuch beteiligt sind, geht es genauso. Aber ich kenne viele andere, die gerade in dieser Hinsicht unter ihren Arbeitsbedingungen enorm leiden.

Zweitens: die Gruppe

Wie schon erwähnt, sind wir eine kleine Gruppe. Die Beziehungen werden so für den einzelnen viel überschaubarer. Er nimmt zunächst vor allem Beziehungen zu mir auf und kommt natürlich viel mehr auf seine Rechnung, wenn er mich nur mit vier und nicht mit 14 anderen «teilen» muss. Aber bald laufen auch Beziehungen der Schüler untereinander. Diese sind zunächst sehr unstabil. Aber ich habe im Lauf von etwa zwei Jahren bemerkt, wie sie sich zunehmend verfestigen.

Die einzelnen Schüler stehen auch ganz anders in dieser Gruppe als in einer Klasse – als einzelne eben. Das merkte ich deutlich, als ich mit der Arbeit in der Kleingruppe begann. Ich hatte in diesen Schulversuch vier Schüler aus meiner alten Sonderklasse mitgenommen, die vier ältesten. Bald zeigte es sich, dass sie sich in der kleinen Gruppe sehr stark veränderten. Zwei Beispiele.

Theo war vorher sehr aggressiv gewesen.

In der Schule war ich der Gemeinste. Alle mussten mir gehorchen – und wenn nicht, gab es Schläge. Ich hatte in der Schule eine Armbrust gebaut und die andern in einer Ecke des

Schulzimmers eine Burg. Dort konnte man reingehen. Einer stand hinter der Burg und ich vorne mit der Armbrust in der Hand. Ich zielte auf ihn und sagte: ‚Geh schon weg, oder ich schiesse.' Er gehorchte nicht, und ich schoss ihm direkt ans Bein. Er wurde ganz blau an der Stelle und konnte nicht richtig gehen etwa fünf Minuten lang.

Theos Erklärung dafür:

Wenn die Schule in Embrach jeweils aus hatte, mussten wir mit dem Schulbus nach Hause fahren. Dort hatten die gescheiten Kinder ebenfalls aus. Ich kam mir jedesmal wie das letzte ‚Dubeli' vor, wenn ich aussteigen musste. Sie sagten: 'Dä isch mit em gääle Wägeli uf Embrach.' Ich stieg immer sehr schnell aus und ging sofort nach Hause.

Seine Aggressionen nahmen in der Kleingruppe sehr rasch ab. Er gewöhnte sich an, mit mir darüber zu sprechen, wenn es ihm schlecht ging. Er wurde von den anderen Mitgliedern der Gruppe jetzt auch viel eher angenommen, da sie nichts mehr von ihm zu befürchten hatten.

Liselotte war vorher in der «Klasse» überhaupt nie aufgefallen. Sie hatte einfach immer das mitgemacht, was die andern taten. Jetzt verlor sie ihre Bravheit zusehends. Sie wurde gesprächig, lustig, sagte ihre eigene Meinung. Ähnliche Veränderungen gingen auch mit den andern vor – obwohl ihre schulischen Bedingungen ja schon vorher weiss Gott nicht schlecht gewesen waren. Aber jetzt machte die kleine, überschaubare Gruppe ihnen Mut, ihre eigene Persönlichkeit viel stärker zur Geltung zu bringen.

Mit der Zeit allerdings genügte das blosse «Gruppenleben» nicht mehr. In dem Masse, in dem die Schüler mutiger wurden, hatten sie auch das Bedürfnis, die relativ enge Gruppe aufzusprengen, auszuweiten. Das ging zunächst so vor sich, dass sie Kontakte zu Ehemaligen suchten und auch fanden. Ein Ehemaliger, der eine Bäckerlehre gemacht hat, gibt ihnen zum Beispiel jetzt einen Backkurs.

Dann gründeten sie in Embrach einen Filmklub. Die Idee entstand in unzähligen Gesprächen während und ausserhalb der Schulzeit. Ich mischte mich überhaupt nicht ein, hielt nur wohlmeinende Berater fern, die glaubten, aus dem reichen Born ihrer Kinobesucher-Erfahrung Filme empfehlen zu müssen, und spielte hin und wieder Taxi für den Filmprojektor, den sie im Jugendhaus «Drahtschmidli» in Zürich bezogen.

Bei der ersten «richtigen» Generalversammlung wurden dann natürlich ein paar der Vorstandsmitglieder nicht mehr gewählt und durch «brillantere» ehemalige Sekundarschüler ersetzt. Aber sie können heute noch mit Stolz sagen: «Wir haben den Embracher Filmklub gegründet.»[6]

Inzwischen macht eine kleine Gruppe wieder etwas anderes-eine eigene Zeitung. Statt langer Berichte darüber lasse ich auf der nächsten Seite das Titelblatt der ersten Nummer folgen.

Man könnte also die Frage «Was wollen wir?» etwa so beantworten: den einzelnen in einer kleinen Gruppe als einzelnen behandeln, ihn seine Phantasie, seine Kreativität, seinen Mut, etwas zu unternehmen, wieder entdecken lassen, kurz: ein Stücklein Zahnrädchenschleiferei rückgängig machen.

Anm. 6:
Da die Geschichte des Embracher Filmclubs noch in anderer Hinsicht interessant ist, folgt auf S. 181 ein Bericht seines Präsidenten (auch einer meiner Schüler).

Abonnänte Programm

Redaktion AP, Postfach 69, 8424 Embrach

Nr. 1, April 1979 Auflage: 2000 Informations- und Programmzeitung Preis: Fr. 1.20

Zu Joachim Rittmeyer
«verdrängt und zugenäht»

Liebe Leser,

Sie werden erstaunt sein und zuerst einmal nicht wissen, was Sie hier vor sich haben. Das AP ist eine Zeitung, bei der jede Ausgabe in Zusammenarbeit mit einem Kleinkünstler entsteht. Die Themen hängen im weitesten Sinne immer mit dem Anliegen des jeweiligen Kleinkünstlers zusammen.

Die Themen werden meistens von der Redaktion und dem Kleinkünstler gemeinsam ausgewählt. Die Aussage der Beiträge braucht aber nicht immer den Ansichten des Kleinkünstlers zu entsprechen.

In dieser Ausgabe finden Sie einen eigentlichen Programmteil in der Mitte der Zeitschrift.

Das AP erscheint ungefähr jeden zweiten Monat und ist direkt bei uns oder in einigen «Beizen» und Läden erhältlich.

Da wir überhaupt keine Zeitungserfahrung haben, wären wir froh, wenn Sie uns schreiben würden, was Ihnen gefallen hat und was nicht.

Unsere Adresse:

Redaktion AP
Postfach 69
8424 Embrach

Stefan D. Müller

144

Diese Aufgabe ist aber sehr gross. Das braucht viel, viel Zeit. Zudem ist dieses «Rückgängigmachen» immer wieder gefährdet, da ja meist rundherum die Zahnrädchenschleiferei weitergeht. Man kann deshalb nicht einfach sagen: Bei Schulaustritt ist dieser Prozess beendet. Er dauert meist beträchtlich länger. Aber davon soll später die Rede sein.

Aber die Schüler müssen doch später...

Als Sonderklassenlehrer wird man immer wieder gefragt: Können die Schüler wieder in die Normalklasse integriert werden, wenn sie aufgeholt haben? Die Frage ist auch uns Kleingruppenlehrern geläufig. Ich antworte jeweils: Mir scheint es viel wichtiger, dass sie sich später im Leben zurechtfinden. Aber in Einzelfällen, wo es für den betreffenden Schüler wichtig und richtig ist, versetzen wir ihn natürlich auch wieder in die Normalklasse zurück.

Sylvia war so ein Einzelfall. Sie wurde wegen ihrer Zugehörigkeit zur Sonderklasse von ihren Geschwistern gehänselt, von den Nachbarn bemitleidet und wäre halt fürs Leben gern wieder eine «normale» Schülerin gewesen. Ich unterstützte das, als sie soweit fortgeschritten war, dass ihr Mitkommen in der Oberschule gewährleistet schien. Eltern und Schulpfleger waren sofort einverstanden. Der Übertritt klappte, und Sylvia war überglücklich, jetzt wieder in dieselbe Schule gehen zu können wie ihre Kameradinnen.

Heute bin ich allerdings nicht mehr ganz so sicher, ob das

145

damals richtig war. Sie hatte als Oberschülerin überhaupt keine richtigen Berufschancen, und da der Kollege von der Oberschule in jenem Frühjahr etwa zwölf Mädchen «ins Leben hinaus entliess», konnte er sich auch nicht richtig um jeden einzelnen «Übergang» kümmern. Heute füllt Sylvia in irgendeinem Super-Discount Gestelle auf. Ich bin überzeugt, dass sie viel mehr könnte und gehe selten in jenen Supermarkt, weil ich mir als ungeheurer Heuchler vorkomme, wenn ich Sylvia antreffe und frage: «Wie geht's?»

Ein weit besseres Gewissen habe ich gegenüber den sieben Schülern, die in den letzten drei bis vier Jahren «ganz normal» aus meiner Sonderklasse B ausgetreten sind. Alle haben eine Berufslehre gemacht und alle haben diese auch abgeschlossen, als Maler (3), Töpfer (2), Bäcker-Konditor (1), Landwirt (1). Warum war das möglich? Ein paar Punkte:

Es waren jedes Frühjahr ganz wenige Schüler, die aus der Schule austraten, höchstens zwei. So konnte man sich auf jeden Übertritt konzentrieren, auf die Lehrstellensuche, auf die Gespräche mit Lehrmeistern und Eltern – ein Vorteil, den wir in der Kleingruppe ebenfalls haben. Da ich als Sonderklassen-Lehrer und vor allem jetzt als Kleingruppen-Lehrer relativ wenig Schüler habe, ist es möglich, Lehrlinge nachzubetreuen. Da die Schüler vorher relativ lange bei mir zur Schule gegangen waren (einige haben zehn, sogar elf Schuljahre hinter sich), kannte man sich. Sie kamen zu mir, wenn sie Schwierigkeiten hatten, und so konnte mancher «Absturz» aufgefangen werden.

Wichtiger noch als die Berufslehre ist für mich etwas anderes: dass die Betreffenden langsam ihre Schwierigkeiten (seelische, familiäre usw.) in den Griff bekommen, dass sie sich mehr zutrauen, dass sie sich dem Leben stellen.

146

Drei Schüler haben keine Lehre gemacht. Ausnahmslos Fälle, in denen die Eltern sagten: «Das Kind hat es zu schön in der Schule, es wird zuwenig verlangt von ihm. Später muss es auch etwas leisten.» Und es dann zum Beispiel ins Werkjahr schickten oder an eine «richtige» Arbeit. Auch Schulbehördemitglieder waren jeweils dafür. Man müsse die Schüler ins Leben integrieren, hiess es, und dafür bestehe keine Gewähr, wenn man sich in der Schule vorwiegend mit den seelischen Problemen beschäftige.

Nachbetreuung

Ich habe aber auch so wenig Schüler, damit ich diejenigen, die es nötig haben, nachbetreuen kann. Dieser Teil meiner Arbeit erweist sich als immer wichtiger.

Die Nachbetreuung wird von den einzelnen – jetzt Ehemaligen – sehr verschieden stark gebraucht. Da gibt es den Schüler, der sie überhaupt nicht nötig hat. Er kommt vielleicht alle drei Monate irgendwann an einem Sonntagvormittag zum Kaffee und berichtet, wie es ihm geht. Da gibt es aber auch den Schüler, der jeden Tag vorbeikommt, weil er echte Schwierigkeiten hat – zu Hause, in der Gewerbeschule oder am Arbeitsplatz.

Übrigens haben die meisten meiner ehemaligen Schüler mit ihrem Arbeitsplatz und vor allem mit ihrem Lehrmeister ausserordentlich gute Erfahrungen gemacht. Die Lehrmeister zeigten sich meist sehr verständnisvoll und waren bei Schwierigkeiten wirklich zu einer Zusammenarbeit bereit.

Ich möchte an Heinis Beispiel zeigen, wie eine solche Nachbetreuung funktionieren kann. Über Heinis Geschichte habe ich bereits berichtet. [7] Ich besitze von ihm einen Brief, in dem er sie nochmals zusammenfasst:

Das sind fürchterliche Sonntage. Ich bin froh, dass ich ein eigenes Zimmer habe, in das ich mich einschliessen kann. Ich höre Musik mit dem Kopfhörer, damit ich Ruhe habe. Ich wollte etwas unternehmen, doch das Wetter ist nicht schön genug zum Wildwasserfahren. Es ist zwar dasselbe, wie wenn ich zuhause sitze. Wenn ich Bootfahren gehe, bin ich nur auf mich selber angewiesen. Wenn man einen Fehler macht, dann wird man nass, und damit hat es sich. Wenn man als Schüler viele Fehler macht, wird man vom Lehrer und von den Leuten im Dorf, dann von den Freunden aufgegeben, und zuletzt gibt einen die Familie noch auf. Gerade diese Menschen, die Hilfe nötig hätten, lässt man im Stich. Daran gehen viele zugrunde. Es gibt solche, die sagen: ‚Dafür können die gut arbeiten und sind so auch zufrieden.' Doch diese ‚Persönlichkeiten' können nur so einen Quatsch erzählen, weil sie diese grausame Sache nie durchmachen mussten. Sonst wären sie ja auch gar keine ‚Persönlichkeiten' mehr.

Die Eltern werden sich meist nicht wehren. Sie können es auch nicht, weil sie es niemand gelehrt hat. Sie werden in die Zange genommen, einerseits vom Lehrer, der studiert hat, und anderseits von ihrem eigenen Kind. Der Lehrer und die Zeugnisse haben mehr Einfluss auf die Eltern. Der Lehrer kommt schliesslich ‚draus', er hat ja studiert, doch das Kind hat sich noch fast nie behaupten können. Bei einer guten Note sagen sie nur: ‚Weiter so!', bei einer schlechten Note: ‚Siehst du, du

---

Anm. 7:
«Dummheit ist lernbar» (Kapitel: «Brutale Schule», S. 81 ff.)

kannst es doch nicht, du bist dumm. Der Lehrer hat mit uns gesprochen: im Turnen seist du gut und im Singen. Doch in allen übrigen Fächern wirst du immer schlechter. Wenn du dich nicht steigern kannst, fliegst du zum dritten Mal zurück.' Für mich bedeutete das, dass ich in die Förderklasse musste. Das Wort ,Förderklasse' ist mir ,eingefahren'. Man muss mich fördern, weil ich dumm bin. Der erste Tag in der Schule: Aus dem ganzen Embracher Tal haben sie die Dummen in ein Klassenzimmer bestellt – etwa 15 oder 17 Schüler. Alle wurden so wie ich fertiggemacht. Es war kein grosser Unterschied zwischen den beiden Schulen. Man wurde ein bisschen mehr ausgelacht als vorher auf dem Pausenplatz. Im Dorf guckten die Leute einen so komisch an. Manche schauten auch mitleidig. Das war sehr unangenehm für mich.

Als ich in Embrach die Sonderklasse übernahm, sass Heini bereits drin. Er entwickelte sich sehr positiv, zeigte mit der Zeit ein ganz persönliches Profil und wurde auch offener und mutiger. Aber eine depressive Grundstimmung blieb. Nachdem er elf Schuljahre hinter sich hatte, begann er eine Berufslehre.[8] Es war nicht einfach gewesen, die Eltern dazu zu bringen, ihn elf Jahre in der Schule zu lassen. Aber sie liessen sich überzeugen.

Der Beruf machte Heini Freude. Aber in der Gewerbeschule hatte er vom ersten Tag an Schwierigkeiten. Alle seine früheren Schulängste wurden wieder wach, und es war für ihn manchmal genau so schlimm wie früher. Ich versuchte, mit ihm darüber zu sprechen, aber er wich aus. Er war einfach

---

Anm. 8:
Hier stellt sich ein für uns sehr wichtiges Problem. Heini hätte niemals eine Berufslehre bestehen können, wenn er die Sonderklasse nach neun oder zehn Jahren hätte verlassen müssen. Aber welche Schulpflege bezahlt ein elftes Schuljahr? Es gibt einige, besonders fortschrittliche, aber das sind Ausnahmen.

nicht mehr derselbe wie früher. Wir lösten auch zusammen die Schulaufgaben und besprachen miteinander, was er nicht begriffen hatte. Er arbeitete bei mir in der Wohnung gar nicht schlecht, aber sobald er in der Schule sass, hatte er das alles vergessen. Die Angst war einfach zu gross.

«Angst» bedeutete vor allem Angst vor dem Lehrer. Der Klassenlehrer war eine ziemlich robuste Erscheinung. Er war keineswegs bösartig, aber er pflegte offensichtlich einen ziemlich flotten Unterrichtsstil, bei dem sich ein etwas schwacher und sensibler Schüler schon blossgestellt vorkommen konnte. Ich sprach mit ihm über Heini. Er zeigte Verständnis und schonte ihn weitgehend. Aber er stellte andere bloss, und das hatte auf Heini fast dieselben Auswirkungen, als ob er selber «drangekommen» wäre. Er kannte das ja. In dieser Zeit begann für ihn ein anderes Problem.

Ich sass fast jeden Abend zuhause und schaute Fernsehen, sonst unternahm ich nichts. Eines Tages fragte mich meine Schwester, ob ich in eine Wirtschaft mitkomme, und ich ging. Wir traten ein. Es hatte nicht viele Leute darin. Meine Schwester kannte ein paar Junge, die an einem Tisch, an dem vier Platz hatten, schon zu fünft sassen. Wir setzten uns zu ihnen. Es waren drei, die sprachen. Ich sass da und hörte zu. Die üblichen Gespräche, die Junge führen: über Töffs, Autos, Frauen und Rauschgift. Das ging bis elf Uhr. Da sagte einer: ,Ich brauche noch eine Pfeife. Wer kommt mit?' Sie fragten mich auch. Ich sagte: ,Ich weiss nicht, ich habe noch nie eine genommen.' Aber versuchen wollte ich schon mal. Dann sind wir miteinander gegangen. Wir fuhren ein Stück aus dem Dorf. Wir waren etwa zu fünft. Dann zog einer ein Stück Silberpapier hervor, das er sehr vorsichtig auspackte. Darin war ein Stücklein Haschisch. Die Pfeife ging im Kreis herum. Als ich drankam, zog ich kräftig. Mich schüttelte es richtig. Dann hustete ich. Die andern lachten. Einer sagte, das sei ihm genau gleich gegangen beim ersten Mal. Die Pfeife ging noch zweimal an mir vorbei, dann war sie zu Ende. Ich merkte eine Zeitlang noch nichts. Die andern sprachen davon, wie glücklich sie schon seien, und dabei lachten sie immer einen aus, der nichts sagte. Dann fing der auch an, verrückte Geschichten zu erzählen, und sie lachten. Ich sass da und nahm es nicht mehr so richtig wahr. Ich legte mich auf den Boden. Es ist mir ziemlich übel geworden. Und doch war ich irgendwie sehr aufgestellt. Es kam einer zu mir und fragte, ob mir nicht gut sei, ich solle aufstehen. Ich blieb liegen, sah den Himmel an und vergass, was mich jeden Tag verfolgte und quälte. Und das ist es, was mich gefreut hat.

Nach etwa drei Stunden gingen wir nach Hause. Von da an bin ich anfangs jeden dritten, dann jeden zweiten und schliesslich jeden Tag in diese Gruppe gegangen. Es ging lange, bis jemand merkte, dass ich haschte.

Ich merkte nichts von alledem. Es war das erste Mal, dass ein Schüler von mir mit Drogen zu tun hatte, und ich hatte nicht viel Erfahrung damit. Ich merkte nur, wie Heini sich mehr und mehr in sich selbst zurückzog, unsere Abmachungen nicht mehr einhielt und jedem Gespräch mit mir auswich. In dieser Zeit unternahm er einen Selbstmordversuch, von dem niemand etwas bemerkte.

Meine Schwägerin bemerkte als erste, dass ich haschte. Sie rief Jürg an und sagte ihm, er solle mich fragen, ob es wahr sei. Als mich der Jürg das fragte, sagte ich lange nichts. Ich war sehr wütend auf meine Schwägerin. Warum hatte sie es Jürg erzählt? Ihm, der sich für jeden einzelnen seiner ,dummen' Schüler eingesetzt hat und es gottseidank auch jetzt noch für mich tat. Da sagte ich es ihm. Ich sagte ihm, dass ich hasche,

ich sagte ihm, dass es mich nicht mehr so ganz befriedige, dass
der Hasch einem nur für drei Stunden hilft, und dann sind die
Probleme immer noch da.

Ich begann, mich intensiver um Heini zu kümmern. Eines
war mir klar: Es war nicht damit getan, dass er «trockenge-
legt» würde. Ich konnte nicht viel gegen seine Schwierigkeiten unternehmen, ich konnte nur versuchen, etwas für ihn zu
tun. Ich musste versuchen, ihm bei der Lösung seiner wichtigsten Probleme behilflich zu sein. Da war einmal das Gefühl, allein zu sein. Er verlor das langsam. Es machte ihm
grossen Eindruck, dass ich noch zu ihm stand, obgleich er
mich ja «hintergangen» hatte; dass ich ihn nicht wegstiess,
obgleich er Drogen zu sich nahm. (In dieser Hinsicht hat ihm
die ganze Hascherei sogar etwas genützt.) Ich drückte es auch
durch, dass er in der Gewerbeschule in eine Parallelklasse zu
einem andern Lehrer versetzt wurde. Um ihm zusätzlich
noch etwas von seiner konkreten Angst vor der Schule zu
nehmen, brachte ich ihn jeweils mit dem Auto nach Zürich-
Seebach aufs Tram und holte ihn auch abends dort ab (die Gewerbeschule findet zum Glück nur einmal pro Woche statt).
Um etwas gegen seine Langeweile zu unternehmen, richteten
wir gemeinsam für ihn eine behelfsmässige Werkstatt ein, wo
er für sich arbeiten konnte. Ich gab ihm auch einen Schlüssel
zu meiner Wohnung. So konnte er jederzeit hinein. Wenn ich
nicht da war, konnte er Platten hören, Bücher anschauen oder
sonst etwas tun. Er hat das nicht oft gebraucht, aber allein die
Tatsache, dass er um diese Möglichkeit wusste, machte ihn sicherer.

Heinis Lehrmeister verhielt sich grossartig. Er übte keinen
Druck aus, zeigte viel Verständnis und machte ihm Mut, wo
er nur konnte.

In dieser Zeit begann Heini mir Briefe zu schreiben. Er steckte sie mir ganz einfach zu. In einem solchen Brief beschrieb er seine augenblickliche Verfassung:

Der heutige Tag: überhaupt keine Lust, etwas zu unternehmen. Ich erinnere mich nur an das Schlechte, die Ablöscher. Zum Davonlaufen. Das ganze Leben ein Kampf um das Glücklichsein. Ich bin einer von den Dummen, der mit sich nur halbwegs zufrieden ist. Ich gebe mich nicht mit guten Worten zufrieden. Ich will zuerst mit mir zufrieden sein. Ich will ein Leben leben, das sich lohnt. Nicht so wie in der Stimmung, in der ich jetzt jeden Tag stecke. Das habe ich so satt. Bis man erwachsen ist, versuchen die andern, einen zu töten und irgendein Arbeitstier aus einem zu machen. Wem es gelingt, diese Zeit heil zu überstehen, der beginnt dann zu leben.

Doch ich muss vorher noch aufgepäppelt werden, um leben zu können. Wenn ich beim zweiten Mal Mut gehabt hätte, wäre ich jetzt tot. Das wäre schön. Doch ich bin da und gebe mir Mühe, durchzukommen. Aber der Kampf mit mir darf nicht mehr allzu lange dauern. Das Leben kenne ich schon lange – auch wenn ich am Kommen bin und schon ein paar Tage wirklich gelebt habe, von den 18 Jahren.
(. . .)
Silvester. Um zwölf Uhr liessen sie los. Ich stand halb zerdrückt an der Wand. Ich sagte mir: so glücklich, wie sie jetzt sind, könnten sie immer sein. Doch das wäre zu anstrengend für sie. Das können sie nur auf Kommando und halb besoffen, weil es so üblich ist. Einmal darüber schlafen, dann beginnt der Alltag wieder. Was hat sich verändert? Überhaupt nichts. Das finde ich sehr traurig. Das einzige, was passiert: Man nimmt sich etwas vor, was man sich schon lange wünscht. Das Ganze ist einfach zu blöd für mich. So blöd wie Weihnachten, Ostern usw. Ich werde daraus nicht gescheit. Es wirkt wie eine

Droge auf die Leute, eine kleine Aufmunterung für ein Arbeitstier, das sich auch einmal abreagieren muss.

Am Schluss dieses Briefes stand:

Das ist es, was ich auf dem schwarzen Herzen habe. Schreiben kann ich's besser als Dir sagen.

Wir begannen, miteinander über seine Briefe zu sprechen. Das ging viel besser, als wenn wir direkt über ihn sprachen. Später schrieb er einmal:

Der grösste Wunsch, den ich habe, ist, unabhängig zu werden. Das ist sehr schwer. Es ist viel leichter, abhängig zu sein – abhängig zu sein von einem Arbeitsplatz und dafür bangen, dass man ihn nicht verliert. Ich versuche, die Arbeit so gut wie möglich zu machen. Bisher ging das sehr gut, auch wenn mir eine Arbeit nicht passte. In der ersten Zeit meiner Lehre habe ich in so einem Fall einfach den Mut verloren und den Kopf hängen lassen. Heute geht es in solchen Fällen ein bisschen länger, und manchmal werde ich gelobt dafür. Das ist mir schon hin und wieder gelungen. Das hat die Wirkung, dass ich in der Arbeitszeit nicht noch mehr Ablöscher in Empfang nehmen muss. Darauf bin ich manchmal richtig stolz.

Was ich auch noch unbedingt lernen muss, ist, die eigene Meinung und die eigenen Gefühle irgendwie auszudrücken. Das ist mir auch schon gelungen. Es gelingt mir, indem ich zum Beispiel über irgend etwas schreibe, was mir durch den Kopf geht, was ich vorher in mich hineingefressen habe, und was mich damit noch mehr als jetzt schon traurig und misstrauisch machte. Ich muss versuchen, mit den Problemen, die auf mich zukommen, so gut wie möglich fertig zu werden – durch Den-

ken, wenn möglich mit jemandem darüber sprechen. Das ist die grösste Hilfe für mich.

Ich kann mich noch gut an die Zeit erinnern, wo ich geschwiegen habe. Das war die härteste Zeit für mich. Ich weiss noch: Es war in Österreich. Wir fuhren im Auto über Landstrassen. Du versuchtest, mit mir zu reden. Worum es ging, weiss ich nicht mehr. Ich wollte Dir eine Antwort geben. Ich studierte und vertiefte mich in die Sache und brachte kein Wort heraus. Das Gefühl war sehr stark, ich sass da und starrte bis zwei Zentimeter vor meine Augen, und Du fragtest und fragtest. Am liebsten wäre ich ausgestiegen. Du warst sehr verzweifelt. Das machte mir Angst. Ich weiss nicht, ob es ein schlechtes Gewissen war. Die ganze Sache kommt mir so vor, wie wenn es heute geschehen wäre.

Ich glaube, dass solche Erlebnisse schuld sind, dass ich hauptsächlich mit Dir über meine Probleme spreche – mit Dir spreche oder Dir schreibe.

Ich konnte mich an unser verunglücktes Gespräch in Österreich sehr gut erinnern. Sehr lebhaft hatte ich auch meine damalige Verzweiflung gegenwärtig. Ich hatte das Ganze als totales Misserfolgserlebnis in Erinnerung, und meine Reaktion war auch sehr «untherapeutisch» gewesen. Und jetzt schrieb mir Heini, dass solche Erlebnisse schuld daran wären, dass er mit *mir* über seine Probleme spreche. Ich fragte ihn, wie er das meine. Er sagte: «Weisst du, da merkte ich, wie ernst es dir ist, wie wichtig ich dir bin. Das habe ich vorher nie so richtig geglaubt.»

Die Sicherheit in der Beziehung und die paar Hilfestellungen (Freizeit, Schulweg usw.) machten ihn auch sonst sicherer. Er wurde langsam wieder mutiger, wagte mehr und hatte so auch immer mehr kleine Erfolge. Seine Lehrabschlussprüfung hat er gut bestanden.

Im letzten Brief, den ich von ihm bekam, stand noch einmal eine Erinnerung an seine Schulzeit:

In der fünften Klasse waren wir zwei, die Ende Jahr einen Intelligenztest machen mussten. Ich kam als zweiter dran. Es war ein kleines Zimmerchen. Ich war gespannt, was passieren würde. Ich war erkältet und hatte kein Taschentuch. Das war mir sehr peinlich. Es kam ein Mann herein, den ich noch nie gesehen hatte. Dieser Test dauerte eine halbe Stunde. Nach dieser halben Stunde wusste dieser Mann, dass ich sehr ungeschickt sei. In der Auswertung stand, dass ich nett, aber zuwenig intelligent sei. Die Formulare des Tests haben sie in der Schulpflege, oder wer dafür verantwortlich ist, verlegt oder verloren.

Diese Sache beginnt mich zu interessieren, obwohl ich weiss, was mit mir passiert wäre, wenn ich die normale Schule fertiggemacht hätte. Dann wäre ich nicht der, der ich jetzt geworden bin. Dank einem halbwegs vernünftigen Menschen, der sich zur Aufgabe gemacht hat, ein paar Jahre seines Lebens so Dummen wie mir zu helfen.

Aber ich bin total vom Thema abgekommen. Das kommt bei Dummen wie mir oft vor. Ich kann zuwenig mit dem Kopf schaffen. Das sagte mir ein hohes Tier vom Militär an der Aushebung, was mich sehr beruhigte. Noch etwas, wo ich drüber lache, ist diese halbe Stunde, die der Mann brauchte, um mich zu beurteilen. Es ist sehr beruhigend, zu wissen, dass es noch Leute gibt, die so schnell schalten können. Da wird klar, weshalb die so lange studierten.

Ich glaube, man spürt das völlig veränderte Selbstgefühl, das aus diesem Brief spricht.

Und das Haschischrauchen? Er hat auch damit aufgehört. Ich bin froh darüber, hatte es ihn doch nur davon abgehalten, seine wirklichen Probleme in Angriff zu nehmen. Viel wichtiger scheint es mir aber, dass er mit diesen langsam fertig wird.

Und nach der Lehre?

Im Zürcher «Tages-Anzeiger» stand einmal folgendes Inserat zu lesen: «Auf einer Glarner Alp hoch ob Elm, da wo die Luft noch rein und gesund ist, werden unsere Junglämmer grossgezogen. Deshalb ist ihr Fleisch auch so zart und saftig. – Flughafenrestaurant».

Daran muss ich hin und wieder denken. Mache ich nicht eigentlich dasselbe wie ein Elmer Älpler? Was nützt es eigentlich, wenn ich mir Mühe gebe, die Gesamtpersönlichkeit eines Schülers zu entwickeln, wenn er nachher trotzdem zum Zahnrädchen wird?

Da ist Paul. Er hat eine Malerlehre gemacht, in einer Kleinbude. Er hat sich dort sehr wohl gefühlt. Alles war überschaubar, und auch das Arbeitstempo konnte er weitgehend selbst finden. Weil die Firma sehr klein war, gab es auch verschiedene und vor allem relativ abwechslungsreiche Arbeit. Er hat ganze Wohnungen restauriert, tapeziert, die Besitzer beraten usw. Aber auf die Dauer hat der Meister nicht Arbeit für zwei Vollbeschäftigte. Soll Paul jetzt wirklich in eine Grossbude?

Um dort in 40 gleichen Neubauwohnungen dieselbe Farbe, die ihm jemand hingestellt hat, aus dem Kübel an die Wand zu praktizieren? Hat er dafür seine Kreativität, seine Phantasie, seine Spontaneität wiedergefunden?

Da scheint es mir richtiger, dass er und ich unsere Phantasie zusammentun, um uns zu überlegen: Was soll er jetzt weiter machen? Wie kommt er an eine Stelle in dieser Gesellschaft, wo es nicht allzu sehr «zahnrädelt»?

Natürlich ist das alles absolut freiwillig. Ich bin ja nicht einfach auf totale Überarbeitung aus. Aber der Schüler weiss, dass er auf mein Mitdenken, auf meine Phantasie und auch auf meine Mithilfe zurückgreifen kann, wenn er das will. Hier einige der Möglichkeiten, die wir im Augenblick durchspielen. Wieviel davon verwirklicht wird, kann ich im Augenblick nicht sagen.

Der erwähnte Paul – er arbeitet eigentlich gern in seinem Beruf und ist auch tüchtig. Was ihn freuen würde, wäre eine eigene, ganz kleine Bude: Zimmerrenovationen, kleine Wohnungen und so. So hat er den Kontakt zu den Leuten und kann auch den Arbeitsrhythmus weitgehend selbst bestimmen. Was ihn bis jetzt daran gehindert hat, das zu tun, ist die Tatsache, dass er auch Offerten und Rechnungen schreiben müsste, Büroarbeit hätte. Das ist bei ihm nach wie vor ein schwacher Punkt. Nun habe ich in der Gruppe aber zwei, die an der Matura arbeiten. Denen dürfte diese Büroarbeit bedeutend leichter fallen. Also hängen wir sein «Malergeschäft» einfach mit der Schule zusammen. (Die Erziehungsdirektion des Kantons Zürich würde in diesem Falle ganz einfach noch in Lufingen ein Malergeschäft führen!) Für die Gruppe ergäbe das zusätzlich noch Praktikumsmöglichkeiten.

Oder Beni: Auch er hat eine Lehre gemacht. Aber für ihn war der Beruf eher eine Möglichkeit, sich von zu Hause abzusetzen. Er kann sich nicht vorstellen, diesen nun ein Leben lang auszuüben. Er will jetzt an einem von uns gemeinsam ausgesuchten Ort das Kochen erlernen, nachher den Wirtekurs absolvieren und in Bern ein österreichisches Weinstüberl eröffnen[9].

Es ist eine faszinierende Sache, mit einem Menschen zusammen die nächsten paar Jahre seines Lebens zu planen, zu erspüren: Was könnte der tun, wie könnte er sich weiterentwickeln? – Und schliesslich: Wo bestehen Lücken in dieser Gesellschaft, windgeschützte Stellen, wo man sich wohlfühlen kann? So wohl etwa, wie als Lehrer an der Kleingruppe Lufingen.

Es wird etwa gesagt: «Aber so bleiben sie ja ein Leben lang von dir abhängig.» Dazu ist zu bemerken:

1. Das Ganze hat ja (wie die Schule und die Nachbetreuung während der Lehre) gerade den Zweck, den Betreffenden unabhängiger, sicherer, selbständiger zu machen.

2. Man schaue sich die aufgezählten Beispiele an. Es sind Möglichkeiten und Bedingungen, die viel eher weitere Kontakte nach sich ziehen als die Arbeit in einer Grossbude.

3. Ist denn einer unabhängig, der tagsüber in einer Fabrik arbeitet, abends in einer Mietwohnung fernsieht und am Sonntag mit dem Auto die Walenseestrasse verstopft? Unabhängi-

---

Anm. 9:
Vielleicht wird der Leser fragen: «Warum gerade in Bern?» Aber das ist einem Berner ohnehin klar. Und einem Nichtberner dürfte das schwierig zu erklären sein.

ger als Paul oder Beni? Das scheint mir eine etwas verquere Argumentation zu sein.

4. Es wird auch etwa vom «Charisma Jegge» gesprochen, das hier, wie in der Kleingruppe überhaupt, wirksam werde. Ich habe immer gefunden, dass dieses «Charisma» viel eher bei Schulbesuchern, Buchlesern oder Chansonhörern zum Problem werden kann. Meine Schüler kennen mich zu gut, als dass sie in mir etwas ausdermassen Besonderes erblicken würden.

«Freischwebende Adepten»[10]

Inzwischen schlage ich mich mit einem Problem herum, das ich in keiner Weise vorausgesehen habe. Was geschieht, wenn im Embrachertal drei oder vier ungefähr 18jährige leben, von denen jeder seinen Freundeskreis hat, und die es sich angewöhnt haben, bei Schwierigkeiten, Problemen bei mir aufzutauchen und Unterstützung zu suchen? Die Freunde tauchen ganz einfach mit auf. Die sitzen dann ebenfalls bei mir in der Wohnung, sind sehr anständig, höflich, zurückhaltend und vor allem erstaunt. Erstaunt über das Vertrauen, das ihr Kollege mir entgegenbringt. Erstaunt darüber, wie er einfach erzählt, was los ist. Erstaunt darüber, wie wir miteinander sprechen. Erstaunt darüber, dass meine Reaktionen offenbar nicht so sind, wie sie sich das gewöhnt sind. Einer sagte zu mir später: «Als ich zum ersten Mal bei dir in der Wohnung sass, glaubte ich gar nicht, dass es so etwas gibt. Ich habe noch nie

---

Anm. 10:
Als Adepten bezeichnete man im Mittelalter die «Jünger» der Giftmischer, der Alchemisten.

Junge so mit Erwachsenen und Erwachsene so mit Jungen sprechen hören.»

Was geschieht aber, wenn bei einzelnen Schwierigkeiten ehemaliger Schüler auch Kollegen mitbeteiligt sind, die sie jetzt mitschleppen? Oder wenn so ein Ehemaliger sagt: «Du, der Albert hat genau dasselbe Problem, das wir kürzlich zu lösen hatten. Was machen wir jetzt mit dem?»

Es ist klar: Plötzlich habe ich in dieser «Nachbetreuung» Junge, die überhaupt nie zu mir in die Schule gegangen sind. Ich suche mir die nicht, ich preise nichts an, ich bin im Gegenteil eher zurückhaltend. Aber plötzlich kommt der Moment, wo ich mich nicht mehr verweigern darf. Sei es, dass sich sonst das Problem meines ehemaligen Schülers nicht lösen lässt, weil da andere viel zu sehr mit drinhängen, sei es, dass er mich darum bittet, und ich sonst für ihn in meiner Haltung unglaubwürdig werde. Ehe ich mich versehe, betreue ich jemanden mit, genau so, wie wenn es ein ehemaliger Schüler wäre. Ich nenne ihn dann einen «freischwebenden Adepten». Die meisten von ihnen sind in der Berufslehre. Die meisten sind ohne nennenswerte Schwierigkeiten durch die Schule gerutscht und kamen gar nie in Gefahr, in eine Sonderklasse oder in die Kleingruppe eingewiesen zu werden. Die meisten sind aber sehr beziehungsschwach und deshalb auch sehr allein. Man brächte sie kaum dazu, zu einer Jugendberatungsstelle zu gehen. Am Anfang habe ich sie jeweils dorthin geschickt. Mancher ist aus meiner Stube weggegangen und dort nie aufgetaucht. Die Hemmungen waren zu gross. Jetzt versuche ich sie selbst zu betreuen, wenn es nötig ist. Sie profitieren so ein bisschen mit von der Beziehung, die ihr Kollege zu mir hat. Und bei den meisten ist das Bedürfnis nach einer stützenden Beziehung gross, sehr gross.

Häufig sind es Drogengeschichten, mit denen die Leute auftauchen, Schwierigkeiten mit den Eltern oder in der Berufslehre. Wenn man dann mit ihnen ins Gespräch kommt, sind es letztlich immer wieder Zahnrädchengeschichten.

Was war mit mir eigentlich los, während des letzten Jahres? So viel Streit, Enttäuschungen und Erfahrungen in so kurzer Zeit. Nie durfte ich früher fort. Immer diese ewige Fragerei: Wohin willst du denn? Hast du es nicht genug schön hier zu Hause? So fragten meine Eltern, wenn ich ins Jugendhaus oder sonst wohin gehen wollte. Was willst du dort?

Kein Begreifen, nichts war damals. Bis ich nur noch rot sah. Ich bin abgehauen. Was hat es aber genützt? Ich tat es, weil ich hoffte, dass sich meine Eltern fragen würden: Warum hat sie das getan? Haben wir etwas falsch gemacht? Aber die Eltern sahen nur bei mir alle Fehler. Ich spinne, noch nie hätten sie ein Kind gekannt, das seinen Eltern so wenig gehorchen würde, das einen solchen Freiheitsdrang habe wie ich.

Dann ging ich zu Herrn Jegge, um mich auszusprechen. Es tat mir gut. Endlich jemand, der mich verstand, der mir zuhörte und mir ehrlich helfen wollte. Langsam sahen meine Eltern ein, was mit mir los war, dass es allen Jungen so geht wie mir. Mein Freiheitsraum wurde vergrössert, ich lernte selbständig zu sein.

In der nächsten Zeit war ich sehr damit beschäftigt, meinen Raum zu erforschen. Nie sagte ich meinen Eltern, wohin ich ging, oder wo ich war. Anfangs forschten sie allem nach. Doch bald hörte das auf. Ich hatte Zeit, mich selber kennenzulernen. Natürlich habe ich Fehler gemacht, geklaut, gelogen usw. Doch ich erfuhr selber, dass, wenn etwas schief ging, die Nachteile die Vorteile übertrumpften.

Heute kann ich mit meiner Mutter über sehr viele Dinge dis-
kutieren. Sie gibt sich echt Mühe, mich zu verstehen. Jetzt
kann ich mich selber sein. Ich versuche, meine Probleme sel-
ber zu lösen, ich kann meine früheren Erfahrungen auswer-
ten.

Nicht immer geht das so reibungslos, wie es Anne hier beschreibt. In der Regel ist die Arbeit mit den «freischwebenden
Adepten» ungleich schwieriger als mit den eigenen Ehemaligen. Bei diesen kann ich, wenn sie Schwierigkeiten haben, auf
etwas zurückgreifen. Auf ein paar Jahre gemeinsamer Geschichte z.B. und auf das daraus entstandene Vertrauensver-
hältnis. Oder ich kann auch darauf zurückgreifen, dass die
meisten sich selber ein bisschen gernzuhaben beginnen.

All das ist bei den «freischwebenden Adepten» nur ganz
schwach oder überhaupt nicht vorhanden. Die meisten sind
so aufgewachsen, dass sie das Gefühl bekommen mussten:
Ich bin meiner Umwelt völlig gleichgültig. So sind sie auch
sich selber gleichgültig geworden. Sie trauen auch den Beziehungen nicht, die sie haben. Auch nicht der Beziehung zu
mir, obgleich sie das ja eigentlich möchten. Es vollzieht sich
eben genau das, was mit meinen Schülern in der «Bubeliphase» geschieht. Aber ich will das lieber an einem Beispiel zeigen:

Es ist jetzt ungefähr zwei Jahre her, dass Alfred zum ersten Mal
zu mir kam. Ich kannte ihn etwas, war er doch ein guter Kollege eines ehemaligen Schülers. Er berichtete: «Mir geht es im
Augenblick sehr schlecht. Ich habe jetzt etwa ein halbes Jahr
lang täglich Drogen zu mir genommen. Ich bin auch aus der
Lehre davongelaufen. Ich sehe aber, dass es meinem Kollegen
verhältnismässig gut geht, obgleich er natürlich auch Probleme hat. Das muss irgendwie mit Ihnen zusammenhängen,

kommt er doch aus ganz ähnlichen Verhältnissen wie ich. Könnten Sie mir nicht auch helfen?» Was soll man da machen?

Er stellte sich unter «helfen» offenbar eine Art Berufsberatung vor. Wir sahen aber beide bald, dass es damit allein nicht getan war. Wir sprachen in dieser ersten Zeit sehr viel miteinander. Er war offensichtlich froh darüber. Ich erinnere mich an ein nächtliches Gespräch, das sechs Stunden dauerte. Es war ausserordentlich wichtig, dass er spürte: «Hier hört dir jemand zu und nimmt dich ernst.» Wir sahen mit der Zeit beide: Da waren noch ganz andere Probleme, die auch gelöst werden mussten, wenn das Ganze auch nur einigermassen Aussicht auf Erfolg haben sollte. Die Drögelerei z.B., in die er sich vor allen Schwierigkeiten flüchtete. Mir fiel auch auf, dass in seinem Kollegenkreis niemand ihn wirklich mochte. Er galt als rechthaberisch, kleinlich, gehässig. Seine Beziehungen zu anderen Menschen, Freunden oder Freundinnen, waren zunächst immer sehr intensiv, flachten aber bald ab und waren dann nach kurzer Zeit zu Ende. Er litt unsäglich darunter, auch wenn er die Betreffenden jeweils ganz einfach als Trottel abqualifizierte.

Mit der Zeit lernte ich auch seine Geschichte besser kennen. Vorehelich geboren, Heirat der Mutter, Scheidung der Mutter, Aufenthalt in Pflegefamilie (von der er berichtet, dass er bei Nichtgehorchen zur Strafe habe auf ein Stück Seife beissen müssen), Aufenthalt bei Grosseltern, mit der Mutter zusammen und ohne Mutter, zweite Heirat der Mutter, Wegzug ins Ausland, Rückkehr in die Schweiz, Normalklasse, Sonderklasse für Verhaltensgestörte, dann wieder Normalklasse – und das alles in knapp 15 Lebensjahren. Was er aus seiner ganzen Geschichte gelernt hat: «Niemand hält es mit mir lange aus, niemand mag mich wirklich, niemand steht wirklich zu mir.» So verhielt er sich selber auch, und deshalb machte er auch immer wieder dieselben Erfahrungen.

Ich versuchte zunächst, mit ihm zusammen die Berufsfrage abzuklären. Dass er kein Maurer war (er hatte diese Lehre angefangen) war eigentlich klar. Aber was sollte er tun? Nach mehreren Schnupperlehren kamen wir auf Glasbläser. Es bereitete einige Mühe, eine Lehrstelle zu finden, aber schliesslich gelang es. Damit glaubte ich dieses Problem fürs erste erledigt.

Seine Beziehungsunfähigkeit – das war schon ein weit schwierigeres Kapitel. Es gibt ja kein Beziehungsfähigkeits-Training oder so etwas Ähnliches. Das geht ja nur, wenn er spürt: «Hier ist einer, der zu mir hält. Der mich akzeptiert, auch wenn es Schwierigkeiten gibt. Offenbar bin ich also gar nicht so schlecht, wie ich glaube.»

Das erwies sich in der Folge als recht schwierig. Am Anfang war er sehr zur Mitarbeit bereit. Er versuchte, mit dem Drogenkonsum aufzuhören, er versuchte, seine Probleme wirklich in Angriff zu nehmen, er gab sich überhaupt jede erdenkliche Mühe. Es fiel mir auf, dass er ausserordentlich rasch entmutigt war, immer bereit, die Flinte ins Korn zu werfen. Mit der Zeit hatte ich den Eindruck, dass seine Belastungsfähigkeit noch weiter nachliess. Es begann auch in der Lehre zu kriseln. Er erschien nicht zur Arbeit und gab bei Schwierigkeiten allen möglichen Leuten oder Problemen die Schuld. Auch von der Gewerbeschule begann er sich abzusetzen. Seine Verwandten schalteten sich ein: «Du wirst doch diese Lehre nicht auch wieder aufgeben?» Ich versuchte, mit ihm darüber zu sprechen, aber ich erhielt nur zur Antwort: «Du bist ja auch nicht besser als meine Verwandten. Alle machen mir nur Vorwürfe.» Was sollte ich tun?

In dieser Zeit schrieb er einmal:

Mir geht es jeden Tag in jeder Beziehung verschissener. Bei mir gibt es bald einen Knall, und ich werde alles tun, womit ich aufgehört habe. Ich werde Leute aufsuchen, über die ich geschimpft habe, ich werde paffen, fixen usw. Anschiss, Anschiss, Anschiss. Ich kann doch nicht Leute verdammen, denen es so schlecht geht wie mir. Aber sie geniessen das Leben. Ich will das auch, verdammt. Ich werde jetzt nicht arbeiten, nichts tun, gar nichts. Ich liege nur auf dem Bett, denke, weine, und scheisse mich selbst an. Ich wohne mit zwei ‚Kollegen‘ zusammen und es geht zu wie zu Hause, nur dass es da unbequemer ist als zu Hause. Ich versuche zu leben. Sollte es so weitergehen wie bisher, werde ich alles über den Haufen werfen. Ich werde eine Wohnung suchen, einen Job, bei dem ich um Geldeswillen dem Chef in den Arsch kriechen kann. Ich werde dieben, stehlen und betrügen. Auf den Gewinn oder Verdruss versuche ich mir das Leben zu verschönern. Ich suche mir ein nettes Mädchen, mit dem ich als einzige vernünftig reden kann. Ich werde jetzt abwarten, bis Jürg aus den Ferien zurückkehrt und mit ihm reden. Sollte dabei nichts herauskommen, werde ich machen, was ich für richtig halte. Ich muss zugeben, dass dieses Leben dann vielleicht weniger schön ist als jetzt. Aber ich werde versuchen, das zu überdekken, indem ich anderes mache. Sollte auch dieses Leben nichts bringen, werde ich alles, was ich habe, verkaufen, verschenken usw. und mit einem Kollegen oder einer Kollegin ausziehen in die Welt und hoffen, dass es irgendwo besser ist als hier in dieser Scheiss, Scheiss, Scheissumgebung.

Es ist jetzt 14 Uhr, und ich warte auf den Abend. Dann werde ich mächtig zuschlagen, saufen, haschen usw...»

Es wurde mir klar, dass er diese Lehre nicht durchstehen

würde. Alle Schwierigkeiten wertete er als persönliche Angriffe, desgleichen alle meine Versuche, mit ihm über bestehende Probleme zu sprechen. Er hat einmal seine Situation mit einem Linolschnitt so ausgedrückt:

«Druck» nannte er das Blatt.

Was sollte ich tun? Mir wurde klar, dass ich im Augenblick für ihn vor allem eines tun konnte: nicht zu den «Drückern» zu gehören. Er musste wissen, dass ich auch dann noch zu ihm halte, wenn er wieder eine Lehre oder Arbeit aufgab.

Dazu gab es in der Folge reichlich Gelegenheit. Er nahm irgendwelche Hilfsarbeiten auf, verliess aber jede Stelle bald wieder. Projekte, die wir zusammen entwarfen, und für die ich mich nach Absprache mit ihm einsetzte, sabotierte er. Zu Besprechungen, die ich für ihn abmachte, da ich «am andern Ende» irgend jemanden kannte, erschien er nicht. Was habe ich seinetwegen für Formularkriege, Besprechungen, Sitzungen abgehalten. Alles war für die Katz'. Die einzige sichtbare Auswirkung war, dass verschiedene Leute mich scheel anzuschauen begannen, weil sie mich für ebenso unzuverlässig halten mussten.

Von ihm selber bekam ich haufenweise Vorwürfe zu hören. Ich setze mich zuwenig für ihn ein. Ich bevorzuge andere, weil diese eben eine Berufslehre gemacht hätten und er nicht usw. Es war für ihn offensichtlich sehr schwer, mich mit anderen zu «teilen». Kurz: Jeder «Wohltäter» hätte hier schon längstens äusserst frustriert das Weite gesucht.

Aber hier geht es nicht um Wohltaten. Hier geht es um etwas ganz anderes. Um ein ganzes Leben nämlich. Um ein Leben, das genau so wichtig und einmalig ist wie meines oder dasjenige meines Lesers. Um ein Leben, das durchaus die Möglichkeit in sich hätte, reich und glücklich zu werden. Das sich aber noch nie richtig hat entfalten können. Weil Beziehungen fehlten, die es beschützt und gestützt hätten.

Der gleiche Alfred hat nämlich Augenblicke, in denen er offen, spontan und herzlich ist wie kaum ein Mensch, den ich kenne. Ich spüre, wie diese Augenblicke langsam häufiger werden. Wie seine eigenen Beziehungen zu Kameradinnen und Kameraden besser werden, länger andauern. Ich weiss, dass er eigentlich so ist wie in jenen Augenblicken. In Augenblicken, wo er glücklich ist und sich freut wie ein Kind.

Und deshalb sehe ich keinen Grund, von ihm abzurücken, auch wenn ich deswegen selber Schwierigkeiten bekommen sollte. Ich weiss, dass er noch viel Zeit brauchen wird. Ich weiss aber auch, dass es sich lohnt.

«Flugsand»

Ja, wenn Alfred, von dem ich im vorherigen Kapitel geschrieben habe, der einzige wäre. Aber eben. Da sind noch andere, die ganz ähnliche Probleme haben. Ein paar davon versuche ich mitzubetreuen. [11]

Ein ehemaliger Schüler wohnt mit zwei Kollegen zusammen. Seit wenigen Wochen wohnt dort noch ein vierter Kollege. Ich habe mit ihm erst ein paar wenige Worte gewechselt. Da erfahre ich von meinem Schüler, dass sich dieser neue Kollege schwer von mir vernachlässigt fühle. Ich staune. «Den kenne ich ja kaum.» Bei nächster Gelegenheit spreche ich mit ihm. Es stimmt tatsächlich. Er fühlt sich eben genauso einsam, genauso hilflos. Nur hat er die Möglichkeit nicht, sich irgendwie abzustützen. Schliesslich sage ich zu ihm: «Gut, komm doch einfach von Zeit zu Zeit vorbei. Aber eine Bedingung stelle ich: Ich will nie einen Kollegen von dir kennenlernen.»

Denn allmählich wird das schon zum Problem. Es kommt vor, dass ich spät abends von irgendeinem Vortrag oder Chansonabend nach Hause komme und eine Stube voller Leute vorfinde. Leute, die ich möglicherweise kaum kenne – «Flugsand».

Anm. 11:
Es sind im Augenblick etwa vier oder fünf.

Und hier muss ich ganz einfach eine Grenze ziehen, weil genau hier meine totale Überlastung beginnen würde. Vielleicht brauchte ein Dorf wie Embrach das: einfach eine Wohnung, in die sich sonst einsame Jugendliche zurückziehen können. Mit einem festangestellten Sozialarbeiter vielleicht, der vor allem aufräumen und abwaschen müsste. Und sich nebenbei auch noch sonst um die Leute kümmern könnte. Auf diesem Gebiet werden verschiedene Dinge ausprobiert. Aber da ist noch ein weites Feld zu beackern.

Meine Arbeit

Es ist jetzt zwei Uhr nachts. Ich sitze in meiner Wohnung am Tisch. Die Türe zum WC ist offen. Dort draussen kotzt einer in den Closomat. Der muss Unmengen Bier getrunken haben.

Ich will noch, bevor ich zu Bett gehe, über den heutigen Tag berichten, um zu zeigen, wie meine Arbeit etwa aussieht. Der Schulmorgen verläuft eigentlich ganz friedlich. Frühstück, Gespräche, anschliessende Schularbeit, ich habe ja das bereits beschrieben. Um elf Uhr kommt Alfred. Ich hatte ihm versprochen, mit ihm nach Oerlikon zu fahren. Wir brauchen Material für eine Bastelarbeit, die er sich vorgenommen hat. Hans und Michi wollen mitkommen, die andern sind ohnehin mit dem Töffli in die Schule gefahren und können selbständig nach Hause, wenn es Zeit wird. In Oerlikon werden wir sehr gründlich beraten, wir sind erst wieder um ein Uhr zu Hause. Wir liefern Hans ab. Hoffentlich bekommt der keine Schwierigkeiten. «Soll ich mitkommen, um deinen Eltern den Grund unserer Verspätung zu erklären?» frage ich. Hans winkt lachend ab. Nicht nötig. Bei Michi ist das kein Problem, der wohnt ja bei mir.

Auf etwas nach ein Uhr habe ich mit Armin abgemacht. Er kommt auch. Hat er wieder gefixt? Er verneint und ist ganz stolz darauf. Ich glaube es ihm, er ist in diesem Punkt unheimlich ehrlich. Anschliessend mache ich ein Nickerchen, wie Opa. Michi weckt mich: «Du hast mir doch versprochen, dass du mich nach Winterthur bringst.» Das stimmt, ich muss dort noch ein Buch kaufen. Auf der Hinfahrt berichtet er von den Schwierigkeiten, die er im Augenblick mit seinen Kollegen vom Jugendhaus hat. Die scheinen ihn dort regelrecht auszustossen. Wir trinken in Winterthur einen Kaffee und essen ein Schinkenbrot. Ich fahre mit meinem Buch zurück.

Rasch zur Schule, um zu sehen, wie es dort läuft. Zwei Schüler sind da. Einer malt in der obern Stube, der andere sitzt bei Franz an der Töpferscheibe. Das klappt also, da bin ich im Augenblick nicht nötig.

Zurück in die Wohnung. Stephan – auch er wohnt im Moment bei mir – ist von zu Hause zurückgekehrt. Er berichtet, was dort so läuft. Wie es seiner Mutter geht, und was er über das Wochenende erlebt hat. Dann läutet das Telefon. Markus, ein Ehemaliger, meldet sich für heute abend ab. Er ist krank, aber seine Freundin schaut zu ihm. Da werde ich also zusätzlich Zeit haben, um am Buch weiterzuschreiben.

Martin, ein anderer Ehemaliger, fährt ein. Er arbeitet im Augenblick in einem Grossbetrieb. Wir gehen zusammen zum Nachtessen, und er berichtet, wie es ihm so läuft in seiner Bude. Sehr begeistert ist er nicht.

Dann muss ich nach Dättlikon. Ich leite dort den Kirchenchor, und der hat heute abend Probe. Ein Relikt aus der Zeit, in der ich noch ein einigermassen ordentlicher Lehrer war. Ich suche schon lange einen Nachfolger, aber die heutigen Junglehrer sind einfach nicht mehr das, was wir einst waren.

Um zehn Uhr nach Hause. Stephan sitzt vor dem Fernsehapparat. Wir schauen uns die Nachrichtensendung an und plaudern noch etwas darüber. Dann geht er ins Bett. Michi ist bereits gegangen. Ich habe zwei Stunden Zeit, um etwas zu arbeiten. Ein Artikel für die «Zytglogge-Zytig» muss fertiggestellt werden. Ich schreibe am Buch weiter. Auf zwölf Uhr habe ich mich mit Alfred verabredet. Er hat bis halb zwölf gearbeitet und erscheint pünktlich. Wir plaudern etwas miteinander. Er ist aber sehr müde und geht bald wieder.

Gerade will ich ins Bett, da erscheint der anfangs erwähnte «Betreuungsfall». Er begrüsst mich kurz, erklärt, dass er sehr betrunken sei und sich jetzt übergeben müsse. Er macht sich an meinem Klo zu schaffen. Ich kann im Augenblick nicht mehr tun als warten und hin und wieder schauen, dass er nicht in die Schüssel fällt. Also lasse ich die Tür offen und schreibe am Buch weiter.

Mein Vater ist ebenfalls Lehrer. Aber sein Tagesablauf hat mit meinem nicht sehr viel gemeinsam. Es ist, als ob wir zwei ganz verschiedene Berufe hätten. Wesentliche Elemente, die seinen Rhythmus ausmachen, fehlen bei mir. So zum Beispiel die Teilung von Arbeitszeit und Freizeit, Schultagen und Freitagen, Schulwochen und Ferien. Oder Regelmässigkeiten: Stundenplan, Stoffplan, Lehrplan. Seine Arbeit ist der eines Fabrikarbeiters viel näher als meiner. Meine Arbeit ähnelt viel eher der meines Grossvaters, der in einem kleinen Dorf im Glarnerland Malermeister war.

Nehmen wir ein Beispiel: Das Verhältnis von Arbeit und Freizeit. Mein Vater hat da eine sehr genaue Teilung. Bestimmte Schulzeiten, Zeiten, in denen er sich vorbereitet oder korrigiert und Zeiten, die «ihm gehören». (Natürlich wechselt er reine Freizeit und die Zeit für Vorbereitungsarbeit etwas, aber die Schulzeiten sind relativ fest.)

Bei mir ist das anders. Heute gab es zum Beispiel einen Zeitpunkt, zu dem ich «eigentlich» hätte in der Schule sein müssen. Ich war aber mit Michi in Winterthur, während zwei Schüler völlig selbständig in der Schule arbeiteten. (Natürlich muss man bedenken, dass das relativ alte Schüler sind, und dass ausserdem Franz, der Töpfer, noch in der Nähe ist. Aber das ist für unser Problem im Augenblick nicht wichtig.) Genauso war mein Grossvater oft irgendwo an einer Besprechung (oder in einem Wirtshaus), während sein Arbeiter (oder der Lehrling) irgendwo anders arbeitete. Dann gab es aber auch Zeiten, wo er noch spät abends in der Werkstatt anzutreffen war.

Bei mir ist das ganz ähnlich. Meine abendliche Besprechung mit Stephan – ist das jetzt Freizeit oder Arbeit? Oder wenn ich in die Ferien fahre und zwei Schüler mitnehme, nehme ich dann noch Arbeit («Büez») mit in die Ferien? Und wie ist das mit dem, der sich draussen auf dem Klo übergibt? Wenn es ein Ehemaliger ist, gehört das zur Arbeit für mich (Nachbetreuung steht im Pflichtenheft des Kleingruppenlehrers), und wenn es irgendein anderer junger Mensch ist, ist das für mich Hobby?

Nein. Die Teilung Arbeit - Freizeit lässt sich bei mir nicht aufrechterhalten, genausowenig wie bei meinem Grossvater. Oder genausowenig wie beim Journalisten Günther Nenning, der diesen Sachverhalt einmal so beschrieben hat:

«Ich habe immer gearbeitet, nie Freizeit gemacht. Während arme Menschen Freizeithemden, Goldschmuck, Automobile, Eigenheime, Motorboote, Ferienappartements, Fitnessgeräte und Kriminalromane kaufen – sitze ich hier ohne den Plunder irgendwo und arbeite.

Während sie um drei Uhr nachmittags auf die Uhr schauen, ob nicht endlich die Arbeitszeit um ist – finde ich mich um drei in der Nacht am Schreibtisch, weil Arbeit so schön ist.

Während meine beamteten Gewerkschafts- und Parteifreunde ihre Arbeitskrawatten mit dem modischen Muster schon ausgezogen und ihre Freizeithemden mit der modischen Passe schon angezogen haben – bin ich noch oder schon wieder unterwegs und erziele progressive Geländegewinne im Ausmass von mehreren Quadratmillimetern.

Meine Arbeit hat den Charakter eines Freizeithobbys, meine Freizeit besteht aus nichts als Arbeit.

In einer Gesellschaft, in der Arbeit und Freizeit gleichermassen krank sind, antizipiere ich Zustände der Verschmelzung von Arbeit und Freizeit, der Identität von Arbeit und Vergnügen.»[12]

Man könnte sagen: Was hier dargestellt wird, ist eine völlig nicht-industrielle (bei meinem Grossvater eine vor-industrielle, eine handwerkliche) Arbeitsweise. Die Arbeitsweise meines Vaters ist «industriell», muss es sein. Aber: Eine Schule wäre eigentlich keine Fabrik.

Inzwischen ist mein später Gast im Sitzen eingeschlafen. Ich mache ihm auf dem Wohnzimmerboden ein Lager zurecht und helfe ihm drauf. So, fertig für heute.

Anm. 12:
Günther Nenning: Auf dem Stockerl der Zukunft. Neues Forum 1978.

Eine «nicht-industrielle Schule»

Die Schule, so wie wir sie kennen, ist eigentlich nichts anderes als der Versuch, ein weiteres Problem per Fabrikarbeit zu lösen. Das Problem nämlich: Wie wachsen Menschen seelisch und geistig, wie kann man dieses Wachstum stützen, zusätzlich zum Elternhaus? Hier wird also wieder das «industrielle Prinzip» angewandt.

Das beginnt beim rein Optischen. Wie oft fährt man durch ein Dorf und denkt bei einem Neubau unwillkürlich: Ist das jetzt ein Schulhaus oder eine Fabrik? (Andere Möglichkeiten: Altersheim oder Kaserne, aber dort findet das «industrielle Prinzip» ebenfalls Anwendung.) Der Eindruck verstärkt sich beim näheren Hinschauen. Das «Schülermaterial» wird nach den verschiedensten Gesichtspunkten vorsortiert (Jahrgang, Leistungskapazität usw.) und zu optimalen Produktionseinheiten zusammengefasst (Schulklassen). Diese werden von spezialisierten Facharbeitern nach bestehenden Werkplänen behandelt. Je komplexer und differenzierter das Material ist, desto spezialisierter sind die Facharbeiter und werden dementsprechend auch besser bezahlt. In den komplexeren Betrieben mit den hochspezialisierten Facharbeitern müssen diese sich gegenseitig möglichst präzis in die Hände arbeiten. Der ganze Betrieb läuft eine bestimmte Zeit lang. Dann wird er für die Nacht stillgelegt, die Facharbeiter gehen sich ausruhen. Ab hier stimmt das Bild nicht mehr, weil sich das Material noch eine Zeitlang selber weiterbearbeitet (Hausaufgaben).

Ist ein Arbeitsvorgang zu Ende, kommt das halb bearbeitete Material in eine weitere Fabrik, die es weiter bearbeitet und in Richtung auf den angestrebten Endzustand hin vervollkommnet. Schliesslich ist irgendeinmal der Prozess zu Ende, das Zahnrädchen kann an seinen Platz eingesetzt werden.

Ist das Karikatur? Sicher, aber man beachte, wie leicht der Vergleich fällt, wie weitgehend das Bild stimmt. Wenn man so etwas einer Handvoll Lehrer vorliest, kann man sicher sein, dass sie protestieren: «Kinder sind nicht einfach Schülermaterial.» Die Antwort müsste dann lauten: «Das ist sicher richtig, aber dann behandelt sie nicht so. Schlagt sie nicht über denselben Leisten, sortiert nicht einfach aus, was nicht ins Schema passt.» Darauf werden sie vermutlich sagen: «Aber wir haben grosse Klassen, den Stoffdruck. Man schaut uns auf die Finger und rügt uns, wenn wir das tun, was hier vorgeschlagen wird.» Das stimmt tatsächlich, aber es bestätigt nur, was ich hier sage. Lehrer, die sich zusätzlich um die Schüler kümmern, die versuchen, ihren Schülern Freiräume zu schaffen, haben oft die grössten Schwierigkeiten. Im günstigeren Falle haben sie ganz einfach Mehrarbeit. Etwa so, wie wenn ein ausgeflippter Fabrikarbeiter auf die Idee käme, seine Werkstücke zusätzlich noch bunt zu bemalen. Er käme dadurch arbeitsmässig ins Schleudern. Im besten Falle liesse man ihn gewähren, solange der Produktionsprozess gewährleistet ist.

Man verstehe mich recht: Ich will nichts blossstellen und nichts herunterreissen. Ich will nur die Unterschiede möglichst scharf zeigen. Man könnte unsere Kleingruppenschule im Gegensatz dazu mit einer Kleinstgärtnerei vergleichen. Eine überschaubare Anzahl von Gewächsen, von denen jedes das Mass an Wasser, Sonne usw. erhält, das es gerade braucht. Der Gärtner hat nicht einfach Feierabend und kann die Pflanzen nicht bis zum nächsten Morgen tiefkühlen. Er muss vielleicht noch spät abends hinaus, wenn es unerwartet kalt wird, um die Pflanzen abzudecken oder ins Gewächshaus zu stellen. Er ist also gewissermassen mit ihnen verbunden – bis er sie verkauft. (Die Kleingärtnerei wäre übrigens so klein, dass sie mit Sicherheit nicht mehr «rentierte».)

Im Klartext: Da wachsen Menschen auf. Ihre Eltern haben die Verantwortung für sie. Aber da ist noch jemand, der bereit ist, mitzumachen. Der als Gesprächspartner zur Verfügung steht, für die Eltern wie für die Kinder, und der sich vor allem um das Lernen kümmert. Um das Lernen im weitesten Sinne. Und um die Ermöglichung dieses Lernens. Der sein Wissen, sein Können, aber auch seine Fehler, kurz: sich selbst zur Verfügung stellt, um dem Kind weitere Erfahrungen zu ermöglichen. Der sich zur Verfügung stellt, um mit dem Kind Erfahrungen zu verarbeiten. Das lässt sich schwer einfach schematisch auf bestimmte Zeiträume oder bestimmte Umstände beschränken. Das reisst erst ab, wenn das Kind es nicht mehr braucht.

Das ergibt eine völlig andere Sicht von Schule. Eine nicht-industrielle eben. Aber eine, die dem öffentlich verlautbarten Zweck der Volksschule sehr nahe kommt:[13]

«Die Volksschule ist die vom Staat errichtete gemeinsame Erziehungs- und Bildungsanstalt der Kinder aller Volksklassen; für alle gelten die gleichen Rechte und Pflichten, dieselben Grundsätze der Erziehung und des Unterrichtes.
In Verbindung mit dem Elternhaus bezweckt die Volksschule die harmonische körperliche und geistige Ausbildung des Kindes zu einer möglichst einheitlichen lebenskräftigen Persönlichkeit.

Anm. 13:
Hier in der Fassung des Kantons Zürich (Lehrplan der Volksschule, I. Zweck der Volksschule). Ähnliche Verlautbarungen finden sich in den entsprechenden Verordnungen der andern Kantone auch.

Die Volksschule bildet den Körper. Durch Übung macht sie ihn gewandt und stärkt die inneren und äusseren Organe. Sie übt Auge und Ohr im Wahrnehmen und Beobachten; sie bildet die Sprachwerkzeuge zur geordneten Wiedergabe der Gedanken und die Hand zur sichtbaren Darstellung des Geschauten in Schrift und Bild. Sie fördert das Verständnis für eine gesunde Lebensführung und sorgt durch besondere Veranstaltungen auch für das leibliche Wohl der durch soziale Verhältnisse in ihrer Entwicklung ungünstig beeinflussten Schüler.

Die Volksschule bildet den Verstand. Von der Wahrnehmung, der unmittelbaren Anschauung ausgehend, entwickelt sie unter steter Beachtung des kindlichen Fassungsvermögens die Erkenntnis durch Gewinnung klarer Begriffe, wie durch Bildung richtiger Urteile und sicherer Schlüsse.

Die Volksschule bildet Gemüt und Charakter. Sie macht den jugendlichen Geist empfänglich für alle edlen Regungen des menschlichen Seelenlebens, dass er gefestigt werde gegen die Einflüsse des Hässlichen, Rohen, Gemeinen in Neigungen und Leidenschaften. Sie bildet und fördert das Pflichtbewusstsein, die Arbeitsfreudigkeit, die Festigkeit in der Überzeugung, das Streben nach Wahrheit, Offenheit und Freiheit, den Sinn für treues, hingebendes, charakterfestes Handeln. Sie legt den Grund der Befähigung zur Selbsterziehung im Sinne der Forderungen der Aufklärung, der Humanität und der Toleranz.

So ist die Volksschule eine Stätte allgemeiner Menschenbildung. Wohl soll sie ein gewisses Mass von Kenntnissen und Fertigkeiten vermitteln, die notwendig sind für ein gedeihliches Fortkommen im Leben. Wahre Menschenbildung offenbart sich aber nicht ausschliesslich im Wissen und Können; ihr charakteristisches Merkmal liegt vielmehr in der Harmonie eines lautern Innenlebens und des Handelns, das stets auf das Wohl des Ganzen gerichtet ist und nie das Licht zu scheuen hat.»

Das hat praktische Konsequenzen. Ich habe vom Arbeit-Freizeit-Problem gesprochen. Es ist nicht so, dass die Arbeit die Freizeit einfach auffrisst. Es entsteht ganz einfach eine gegenseitige Durchdringung. Ich bin einfach da, ich lebe, und manchmal leben noch ein paar junge Menschen mit, soweit sie es brauchen. Mit Arbeit oder Freizeit hat das überhaupt nichts zu tun. Weder «opfere» ich mich, noch müsste ich mich eigentlich in der Freizeit von der Arbeit «erholen». Es ist auch nicht so, dass ich «es einfach nicht lassen» kann. Das sind alles völlig unpassende Denkmuster, die sich am alten Arbeit-Freizeit-Schema orientieren.

Ein anderes Beispiel: Von der Unterrichtslehre, der Didaktik, die ich einmal gelernt, und mit der ich mich als Lehrer auseinandergesetzt habe, kann ich praktisch nichts mehr gebrauchen. Auch nicht von der Arbeitstechnik, die ich mir als Sonderklassenlehrer angeeignet habe. Da ich ja eine sehr kleine Gruppe habe, kann ich die Leute in sehr vielen Fällen direkt an die Dinge heranführen. Statt dass ich «die Stadt Basel» bespreche, mit Wandtafelskizze, Hefteintrag und Arbeitsblatt, mit Brief an das städtische Verkehrsbüro usw. lade ich die Gruppe ins Auto und fahre nach Basel. Wir sprechen mit Bekannten. Was heisst es, hier in dieser Stadt zu leben? Am Schluss haben die Schüler vielleicht überhaupt nichts in irgendeinem Heft. Aber sie haben einen Begriff mit Inhalt gefüllt.

Man mag einwenden, das sei bei Grönland bedeutend schwieriger. Aber vielleicht kennen wir jemanden, der dort war. Der wird zum Frühstück eingeladen.

Übrigens: Was wissen Sie noch über Grönland? Haben Sie Ihr Geographieheft aus der Schule in den letzten zwei Monaten wieder einmal durchgeblättert? Steht etwas drin darüber, was die Menschen dort für Probleme haben? Was es bedeutet, dort zu leben?

So zu arbeiten ist weder viel aufwendiger noch viel weniger aufwendig. Es ist nur anders. Das allerdings sehr.

Zum Beispiel
der Filmclub Embrach

Bericht des Präsidenten

Die Idee, einen Filmclub zu gründen, kam mir im Februar 1978. Für einen Diskussionsabend der Schülerzeitung suchte ich einen Film zum Thema ,Alkohol'. Ich fragte bei der ,Vereinigung Ferien und Freizeit' nach, wo man Filme ausleihen könne. Von der VFF bekam ich eine Filmliste. Hier gab es sehr viele Filme, die mich interessierten. Dann kam mir die Idee, den Club zu machen.

Ich fragte Martin, ob er auch mitmachen würde. Er war sofort dabei. Auch Hans und Lilian machten mit. Lilian brachte noch zwei Freundinnen, Gaby und Claudia mit. Brigitte war für kurze Zeit auch dabei. So waren wir für den Anfang komplett.

An der ersten Sitzung beschlossen wir, einen Verein zu gründen. Den ersten Film planten wir für April 1978. Wir bestellten bei den Verleihfirmen die Verleihkataloge für Schmalfilme. Aus diesen erfuhren wir, dass die Filme zwischen 120.– und 200.– Franken pro Vorführung kosten. Wir beschlossen daraufhin, die Filme öffentlich mit Eintritt vorzuführen. Der Eintritt sollte zwischen 3.– und 5.– Franken liegen.

Damit kamen auch schon die ersten Probleme. Öffentliche Filme sind von den Verleihstellen aus nur solchen erlaubt, die Mitglied des ,Schweizerischen Lichtspieltheater-Verbandes' sind.

Am 10. April 1978 reichten wir dem SLV (Schweizerischer

Lichtspieltheater-Verband) das Gesuch für eine ausserordentliche Mitgliedschaft ein. Die Antwort auf unseren Brief bekamen wir aber sehr lange nicht. Nur eine Bestätigung, dass unsere Anfrage angekommen sei, und wir in etwa vier Wochen mit einer Antwort rechnen könnten, erhielten wir.

In der Zwischenzeit schrieben wir der Gemeinde Embrach, ob es noch Bewilligungen für die Führung eines Filmclubs brauche. Diese teilte uns mit, dass für eine solche Bewilligung die Erziehungsdirektion des Kantons Zürich zuständig sei.

Also schrieben wir auch an die Erziehungsdirektion. Diese nahm sehr schnell mit uns Verbindung auf. Sie teilte uns mit, dass unser Gesuch im Amtsblatt publiziert werden müsse. Wir waren damit einverstanden.

Zwischen dem Gesuch an den SLV und dem Gesuch an die Erziehungsdirektion, im Juli 1978, erhielten wir vom SLV zwei Briefe.

Bern, 26. Mai 1978 A/1

Filmvorführungen Embrach

Lieber Markus,

Wir hatten Gelegenheit, die Anfrage des Filmclubs Embrach mit dem Landkinoverband Zürich aufgrund Deiner vorangegangenen Besprechung mit Herrn A. zu behandeln und teilten Dir mit, dass eine a.o. Mitgliedschaft für die öffentliche Vorführung von Spielfilmen unter folgenden Voraussetzungen geprüft werden kann:

1. Es muss eine mündige Person die Verantwortung für den Club und die Vorführungen übernehmen. Deren Personalien und Adresse sind uns zu melden.

2. Die Zahl der vorzuführenden Filme ist auf 10 pro Jahr zu beschränken.

3. Die Jugendschutzvorschriften (16 Jahre oder behördlich bewilligte Ausnahmen) sind strikte zu beachten.

4. Es ist ein Mindesteintrittspreis festzulegen und uns bekannt zu geben.

5. Publizität muss sich strikte auf Embrach beschränken.

6. Ort und Lokal der Vorführungen sind anzugeben, ebenfalls zu klären ist die Frage der Sicherheitsvorschriften (Gewerbepolizei).

Wir bitten Dich um Bericht.

Mit freundlichen Grüssen
Schweiz. Lichtspieltheater-Verband

Im zweiten Brief wurden wir aufgefordert, die Statuten und ein Verzeichnis (inkl. Jahrgänge) der Vorstandsmitglieder, dem SLV zuzustellen.

Es ist sehr schwierig, alles was in dieser Zeit lief, aufzuschreiben. Ich möchte nur sagen, dass wir sehr viele Briefe erhielten und schreiben mussten, viele Telefone führten, wöchentlich mindestens einmal zusammenkommen mussten. Wir konnten also überhaupt nicht mit dem Medium Film arbeiten. Ein Kurs mit Günther Kaiser, in dem wir den Umgang mit Filmprojektoren lernten, brachte die einzige Abwechslung.

Wir konnten auch nicht damit rechnen, bald eine positive Antwort vom SLV zu erhalten. Immer mehr kam uns der Gedanke auf (der sicher auch zutrifft), dass nur wer Geld hat, Filme zeigen kann und darf. Mit den meisten Filmen wird nur das grosse Geld gemacht. Einen Filmclub zu machen, wie wir es wollten, ist nicht möglich. Man muss gegen die Vorschriften der Verleiher arbeiten. Diese dürfen Filme nur an solche abgeben, die Mitglied des SLV sind. Eine solche Mitgliedschaft bedeutet aber: unnötige Geldausgaben an Personen und Stellen, die mit dem Club überhaupt nichts zu tun haben

183

und ihm auch keine Vorteile bringen. Grosse Einschränkungen im Programm, nur ein Teil der Filme darf (auch mit einer a.o. Mitgliedschaft beim SLV) öffentlich gezeigt werden.

Diese Dinge gingen uns während den Monaten April, Mai und Juli 1978 auf. Soviel Zeit verging nämlich, bis wir endlich eine Antwort des SLV erhielten.

Bern, 21. Juli 1978 A/10

a.o. Mitgliedschaft

Sehr geehrter Herr Schmidt,

Wir haben gegen Ihr Gesuch bei der Kant. Erziehungsdirektion des Kt. Zürich gemäss beiliegender Einsprache interveniert. Solange diese Einsprache nicht erledigt ist, können wir die Mitgliedschaft nicht erteilen. Wir bitten Sie deshalb, mit der Erziehungsdirektion in Verbindung zu treten.

Mit freundlichen Grüssen
Schweiz. Lichtspieltheater-Verband

Beilage: Kopie der Einsprache.

EINSCHREIBEN

An die Erziehungsdirektion
des Kantons Zürich
Allgemeine Abteilung
Walchetor

8090 Zürich

Bern, 12. Juli 1978 A/10

Filmclub Embrach

Sehr geehrte Damen und Herren,

Der Schweiz. Lichtspieltheater-Verband und der Landkinoverband des Kantons Zürich als Berufsverbände des Filmwesens erheben hiermit innert der gesetzten Frist

EINSPRACHE

gemäss Beschluss des Regierungsrates Nr. 2734 vom 6. Juli 1977

betreffend

Gesuch des Filmclubs Embrach zur Bewilligung eines Filmvorführungsbetriebes (Art. 18 FG) im Mehrzweckraum «Wyler am Teich» in Embrach.

ANTRAG

Das Gesuch sei abzuweisen   - unter Kostenfolge -

BEGRÜNDUNG

1. Rechtspersönlichkeit des Gesuchstellers

Mit Ausnahme der Beisitzerin des Vorstandes, Fräulein S. (1954), welche eine beratende Funktion ausübt, handelt es sich bei den Vorstandsmitgliedern um unmündige Jugendliche, die – ohne Zustimmung des gesetzlichen Vertreters – nicht handlungsfähig sind (Art. 17 und 19 ZGB). Demzufolge fehlt es auch dem Verein an der Fähigkeit, rechtsverbindliche Geschäfte abzuschliessen. Fehlen diese Voraussetzungen, kann dem Gesuch nicht entsprochen werden. Dieser Mangel kann auch nicht durch eine allfällige persönliche Haftung von Frl. S. geheilt werden, da nicht sie, sondern der «Filmclub Embrach» als Gesuchsteller auftritt.

Es stellt sich somit auch die Frage, ob es nicht richtig gewesen wäre, das Gesuch vorerst nicht zu publizieren und den Gesuchsteller auf diese Mängel aufmerksam zu machen.

Jedenfalls muss das Gesuch unter diesen Voraussetzungen abgelehnt werden.

Beweismittel:
Vorstandsverzeichnis Filmclub Embrach   Beilage

2. Übrige Mängel des Gesuches

Abgesehen von dem in Pkt. 1 dargelegten Mangel sei beiläufig auf folgendes hingewiesen:

a. Jugendschutzbestimmungen

Gemäss Art. 2 der Statuten «werden Personen ab dem 12. Lebensjahr» in den Verein aufgenommen. Nach Pkt. 4 des Fragebogens plant der Bewerber die Vorführung von Problemfilmen. Diese sind ohne Zweifel nicht frei für Kinder unter 16 Jahren, allenfalls nicht unter 18 Jahren. Es besteht keine Sicherheit, dass die kantonalen Jugendschutzvorschriften bei der Filmauswahl und den Filmvorführungen eingehalten werden.

b. Eintrittspreise

Im Schreiben des Filmclubs vom 14. April 1978 an die Erziehungsdirektion werden folgende Eintrittspreise erwähnt:
– Schüler und Lehrlinge   Fr. 3.—
– Erwachsene   Fr. 5.—

Im Ergänzungsschreiben vom 9. Juni sind diese auf Fr. 3.30 bzw. Fr. 4.40 erhöht, dagegen für Mitglieder auf Fr. 2.20 bzw. Fr. 3.30 reduziert worden. Aus den Statuten und weiteren Unterlagen geht nicht hervor, wie hoch die Beiträge sind (u. a. 12- bis 16jährige Kinder!). Es ist – abgesehen von den erwähnten Preis-Differenzen – nicht einzusehen, aus welchem Grund die Mitglieder weniger zahlen sollen, wenn die Differenz nicht durch entsprechend hohe Mitgliederbeiträge ausgeglichen wird.

c. Betriebsbudget

Die Filmbeschaffungskosten – bei kommerzieller Auswertung der Filme – sind unrealistisch.
Wir können uns nicht vorstellen, dass sich Filmverleiher, die bei Kinos 30 bis 50 Prozent der Einnahmen verlangen, Filme für Fr. 200.– abgeben. Auch die übrigen Ausgabenposten sind sehr optimistisch. Selbst wenn diese zutreffend wären, müsste pro Filmvorführung mit 50! Personen und einem Preis von Fr. 3.50 (Eintritt ./. Billettsteuern) mit einem Defizit gerechnet werden. Der «Verein» verfügt über kein Vermögen.

d. Filmzahl

Der SLV hat im Zusammenhang mit der Prüfung eines Aufnahmegesuches die Zahl von 10 Filmen nicht als Bedingung gestellt, sondern als obere Begrenzung vorgeschlagen.

3. Schlussbemerkungen

Die einsprechenden Verbände sind bereit, auf ihre Einwände zurückzukommen, wenn die rechtlichen Voraussetzungen bezüglich des Vereins, der verantwortlichen Person und der Einhaltung der Jugendschutzvorschriften im Sinne der einschlägigen Gesetzesbestimmungen geregelt werden und ferner ein realistisches Betriebsbudget unterbreitet wird.

Für SLV und LKZ

Von der Erziehungsdirektion erhielten wir daraufhin einen
Brief.

Zürich, 28. Juli 1978

Sie haben sich seinerzeit um diese Bewilligung beworben, weil Sie von der Gemeindeverwaltung Embrach und vom Landkino-Verband des Kantons Zürich auf die Bewilligungspflicht für Betriebe der Filmvorführung aufmerksam gemacht worden sind. Nachdem sich nun herausgestellt hat, dass der «filmclub embrach» gleich geführt werden soll wie zahlreiche andere Filmpodien, Filmfoyers, Filmkreise usw., die bis heute nicht der Bewilligungspflicht unterstellt worden sind und die auf die Mitgliedschaft im Schweizerischen Lichtspieltheater-Verband verzichten können, sind wir der Ansicht, dass auch die Filmvorführungen des «filmclubs embrach» nicht als bewilligungspflichtiger Betrieb im Sinne des eidgenössischen Filmgesetzes bezeichnet werden müssen.

Was bedeutet das alles für uns?
– Filmclub nur für Mitglieder
– Finanziell nur tragbar, wenn genügend Spender
– Nur vereinzelte öffentliche Filmvorführungen, von alten oder Filmen, die nicht von den grossen Verleihfirmen verliehen werden. Diese Verleiher sind: Filmcooperative, Schweizerisches Filmzentrum und die Arbeiterbildungs-Zentrale.

Was hat uns unsere Vorarbeit gebracht?
Nichts, die Kinos und Kinoverbände wurden auf uns aufmerksam, wir können nicht, wie es viele andere Filmclubs machen, ohne die Mitgliedschaft beim SLV öffentliche Filme zeigen. Die «Beobachter» in unserer Umgebung werfen ein grosses Auge auf uns.

Dezember 1978, Filmwoche: «Yü-Gung versetzt Berge»

Die zwölf Filme des Zyklus bezogen wir über die Filmcooperative. Wir durften diese Filme also öffentlich vorführen.
188

Diese zwar gut besuchte Filmwoche brachte uns trotzdem ein
Defizit von 150.– Franken. Der Landkinoverband meldete
unsere Filmwoche der Polizeidirektion, da er sicher war, dass
wir kein Gewerbepatent besitzen. Weiteres konnte er ja nicht
unternehmen, da wir ja die Rechte für die Vorführung hatten.
Von der Polizeidirektion erhielten wir daraufhin einen Brief,
in dem uns mitgeteilt wurde, dass man für öffentliche Film-
vorführungen ein Gewerbepatent brauche. (Wir wussten vor-
her nichts von diesem Patent.) Wir mussten also zum Defizit
der Filmwoche noch 100.– Franken für das Patent ausgeben,
das nur für diese gültig war.

Der Erziehungsdirektion schrieb der Landkinoverband eben-
falls einen Brief, in dem er sich mit der Antwort der Erzie-
hungsdirektion, die wir im Juli erhielten, nicht zufrieden gab.
Daraufhin schrieb ihm die Erziehungsdirektion:

Zürich, 13. Dezember 1978

Wir sind der Ansicht, dass Filmclubs, Filmpodien usw. grundsätzlich
keine Betriebe der Filmvorführung im Sinne des eidgenössischen Filmgesetzes sind. Im Kommentar Birchmeier zum Filmgesetz steht auf Seite
109: «Regelmässig dient der Betrieb wirtschaftlichen Zwecken, insbeson-
dere der Erzielung eines Ertrages. Einrichtungen zur Verfolgung ideeller
Ziele, der Pflege der Kultur usw. werden für den Regelfall nicht als Betriebe bezeichnet.» Ist ein Filmclub aber kein Betrieb der Filmvorführung, so braucht er auch keine entsprechende Bewilligung.

Filmkulturelle Organisationen, welche die Förderung und Verbreitung
des guten Films, die Förderung des Urteilsvermögens über die Qualität
der Filme usw. zum Ziele haben, sind gemäss der Botschaft des Bundesra-
tes zum Filmgesetz von der Öffentlichkeit zu unterstützen, und es ist zu
begrüssen, wenn sie ihre Tätigkeit fortführen und erweitern. Der Filmclub Embrach hat nach unserer Ansicht das gute Recht, für seine Vorführungen öffentlich Reklame zu machen. Es ist ihm nicht zu verwehren,
wenn er Clubbeiträge und/oder Eintrittspreise erhebt; er wird deswegen
nicht zu einem Betrieb der Filmvorführung im Sinne des Gesetzes. In der

Stadt Zürich werben sowohl das Filmpodium wie auch die Filmstellen beider Hochschulen seit Jahren in aller Öffentlichkeit für ihre Filmvorführungen und erheben Eintrittspreise. Beide sind nie zu bewilligungspflichtigen Betrieben der Filmvorführung erklärt worden, und beide sind auch nicht Mitglied eines Lichtspieltheater-Verbandes.

Kopie an den Filmclub Embrach

Im März 1979 wollten wir für unsere Mitglieder eine Filmvorführung durchführen, diese wurde aber von der Verleihstelle drei Stunden vor Programmbeginn verboten. Der Landkinoverbandsvorsitzende fand «zufällig» ein Plakat, das irrtümlicherweise in der Umgebung des Jugendhauses aufgehängt worden war. Würde so etwas noch einmal passieren, würde die Verleihstelle uns keine Filme mehr abgeben, schrieb man uns.

Um unsere Finanzen aufzubessern, veranstalteten wir einen Suppentag im Wyler am Teich, der gut besucht wurde.

Auch veranstalteten wir einen Film-Diskussionsabend über Alkoholgefährdete im Jugendhaus, wo wir Herrn P. Brandenberger vom Zürcher Beratungs- und Fürsorgedienst für Alkoholgefährdete einluden. Leider wurde die Film-Diskussion nur von Jugendhaus- und Filmclubmitgliedern besucht.

Die Kleinen aber sollten auch etwas vom Filmclub haben, darum veranstalteten wir einen Samichlaustag am 6. Dezember. Es kamen etwa 50 Kinder, die von unserem «Filmclub-Samichlaus» reichlich beschenkt wurden. Die Veranstaltung wurde vom Filmclub und von den Bewohnern von Wyler am Teich geleitet.

Wir stehen auch mit dem Frauenverein in Verbindung, der uns mit einer grossen Spende behilflich war. Er hat uns vorge-

190

schlagen, den älteren alleinstehenden Einwohnern zu helfen, nicht mit Geld, welches wir auch brauchen könnten, sondern mit kleinen Gefälligkeiten, wie z.B. ein wenig Zeitung vorlesen oder einkaufen gehen.

Filmclub heute

Jeder, der bei uns Filme sehen möchte, muss Mitglied des Filmclubs sein. Es kommt teuer, wenn man einen Film, der einen sehr interessiert, sehen möchte. Wir finden diese Regelung überhaupt nicht richtig, müssen sie aber einhalten, da wir sonst gar keine Filme mehr zeigen könnten.

Wir brauchten 150 Mitglieder, um ohne grosse Probleme bestehen zu können. Mitglieder bringen aber wiederum grosse Arbeiten mit sich, z.B. muss man die Mitglieder zu den Filmen einladen. Das kostet uns pro Mitglied 25 Rappen (pro Film). Wir können ja nicht zum Beispiel ein Inserat im Mitteilungsblatt veröffentlichen, was uns mehr als die Hälfte weniger kosten würde. Auch Plakate dürfen keine aufgehängt werden.

Da wir nicht 150 Mitglieder haben, müssen wir das Geld anders auftreiben, so zum Beispiel:
Bettelbriefe:
Pro Juventute, Geschäfte usw. Die Pro Juventute unterstützt uns zum Glück.

Suppentage:
Die Suppentage dienen als Werbung und Geldbeschaffung.

So bleibt uns sehr wenig Zeit, uns aktiv mit dem Medium Film auseinanderzusetzen. Dem Vorstand gefällt es gar nicht, so zu arbeiten. Leider sehen wir auch für die nächste Zeit keine Än-

derung unserer Lage. Wir werden aber weiterhin daran arbeiten, die Ziele, die wir uns vorgenommen haben, zu erreichen.

Mir scheint, die Geschichte des Embracher Film-Clubs ist ein gutes Beispiel für Zahnrädchenschleiferei. Da sind ein paar Junge, die etwas tun wollen. Und zwar wollen sie nicht einfach still für sich irgendwelche Plastik-Flugzeuge zusammenkleben, sie wollen auch andere mit einbeziehen. So gründen sie den Film-Club. Die Etablierten – und als solche kann man die Leute von den Kinoverbänden wohl bezeichnen – sehen das ganz von ihrer Denkart (und von ihren Erfahrungen) her. Sie wittern darin vor allem eine unliebsame Konkurrenz. Darum läuft es ihnen «gegen den Strich», und sie reagieren auch entsprechend. Zuerst wohlwollend-anbiedernd («lieber Markus»!), dann mit pseudo-pädagogischen und formal-juristischen Argumenten (Einsprache), und schliesslich droht man mit der Polizei, es wird mit Kanonen auf Spatzen geschossen.

So werden (persönlich wahrscheinlich gar nicht bösartige) Leute aus unbegründeter Konkurrenzangst zu menschlichen Dampfwalzen, die sich mit ihren Mitteln (Verträge mit Filmverleihern, festangestellten Juristen usw.) gegenüber einer Handvoll 17jähriger behaupten. Ich gratuliere zum Sieg!

Allerdings haben sie dadurch indirekt den Film-Club gestärkt. In seinen Anfangszeiten hatte er etwa 30 Mitglieder. Da nur Mitglieder die Filme anschauen dürfen, sind es jetzt über 100.

Im Gegensatz dazu die Haltung der zuständigen Stellen auf der Erziehungsdirektion. Dort kommt man ja auch von bestehenden Strukturen her. Aber die Film-Clübler wurden von Anfang an ernst genommen und vorbehaltlos unterstützt. Das war für sie sehr wichtig, hat ihnen wohlgetan und Mut gemacht, ihren Club weiter aufzubauen.

Erziehen oder Zahnrädchen schleifen? So wie (in diesem Falle!) die Erziehungsdirektion oder wie die Kinoverbände?

Freiheit ist lernbar

Fragen

Wer das Buch bis hieher mitgelesen hat, dem dürften einige Fragen auftauchen. Kann man denn so eine nicht-industrielle Schule «allgemein durchführen»? Wären da genug Lehrer vorhanden, die so etwas mitmachten? Wäre das Geld da? Soll so eine Schule etwa das Allheilmittel gegen die vorher aufgezählten Probleme sein? Gibt es nicht auch noch andere Leute, die Ähnliches versuchen? Was soll ich tun, wenn ich kein Zahnrädchenschleifer sein möchte? Oder wenn ich selber Schleifspuren an mir habe, unter denen ich leide? Und ist das alles nicht einfach Werkelei, Pflästerlein-Medizin? Was könnte man tun, über eine solche «Kleingärtnerei» hinaus?

Ich möchte versuchen, eine Antwort zu geben. Eine unvollkommene Antwort, die wahrscheinlich viel offen lässt. Es sind Fragen, an denen viele, die ich kenne, gegenwärtig herumdenken. Da gibt es keine Rezepte. Ich kann nur zeigen, in welcher Richtung wir zu denken versuchen.

Aber: Das Denken allein genügt nicht, das Reden und Schreiben darüber ebensowenig.

Für Freiräume in der Schule

Beginnen wir mit unserer Schule. Ob sich die «generalisieren» liesse? Sicher. Das Bedürfnis wäre zweifellos vorhanden, Lehrer wären auch da. (Dass es zuwenig Lehrer hätte, ist kein Argument in einer Zeit, wo es stellenlose Lehrer gibt.) Es gibt darunter sicher solche, die bereit wären, sich für so etwas einzusetzen. Es ist in der Lehrerschaft ein grosses Potential vorhanden an Einsatzfreudigkeit, an der Bereitschaft, sich für etwas zu engagieren. Ein Potential, das allerdings kaum genutzt wird. Viele Lehrer haben einfach resigniert oder sind auf andere Tätigkeiten ausgewichen. Zudem wäre eine solche Möglichkeit, den Beruf auszuüben, für Leute ein Anreiz, Lehrer zu werden, die jetzt nicht im Traum daran denken. Eine solche Schule liesse sich also ohne weiteres als Angebotsschule, als Parallelschule neben den bestehenden schulischen Einrichtungen vorstellen.

Man hört etwa den Einwand: «Man muss schon ein ‚Jegge‘ sein, um so arbeiten zu können.» Das ist erstens eine Frechheit all den Kollegen gegenüber, die ihren Beruf ernst nehmen und sich einsetzen. Zweitens geht es völlig am Problem vorbei. Es handelt sich ja gerade *nicht* darum, jetzt irgendeine Kleingruppe zu nehmen und zu verhundertfachen. Das wäre ja wieder «industriell» gedacht. Diese Kleingruppe bildet vielmehr den Rahmen, in dem Schüler und Lehrer gemeinsam *ihre* «Schule» machen können, in dem sie auf die Probleme reagieren können, die ihre Gruppenzusammensetzung, ihre Umwelt usw. stellt. Dass das möglich ist, beweisen am besten meine an unserem Schulversuch beteiligten Kollegen, von denen jeder seine eigene Schule macht.

Es sind ganz andere Schwierigkeiten, die einer Ausweitung entgegenstehen. Da wäre einmal die Sache mit dem Geld. Eine solche Einrichtung ist finanziell recht aufwendig.[1] Allerdings könnte man «sozialpräventiv argumentieren», wie man das im hinteren Tösstal so träf nennt. Man könnte fra-

---

Anm. 1:
Im Kanton Zürich kostet ein Mittelschüler im Jahr Fr. 18 760.90 (nach Angabe Statistisches Jahrbuch 1978). Ein Kleingruppenschüler kostet Fr. 14 700.– (beide Zahlen sind auf dieselbe Art berechnet: Summe der Aufwendungen für Lehrer, Schulräume, Material usw. durch Anzahl Schüler).

gen: «Wieviel kostet denn ein Häftling oder ein Insasse einer Drogenklinik? Wäre es nicht vernünftig, vorher etwas zu investieren?»

Dazu kommt noch eine weitere Schwierigkeit: So eine Schule steht im Augenblick völlig daneben. Sie läuft so ziemlich allen gegenwärtigen Tendenzen im Schulwesen entgegen. Auch im Schulwesen wird die Zahnrädchenschleiferei zunehmend perfektioniert. Die Freiräume für Lehrer und Schüler werden immer kleiner. Jeder Lehrer kann da Dutzende von Beispielen anführen.[2]

Aber genau um diese Freiräume geht es. Sie gilt es zu erhalten und wieder auszuweiten. Und zwar in der Auseinandersetzung mit den Leuten, die sich ebenfalls mit dem Schulwesen befassen: Eltern, Lehrern, Kollegen, Schulpflegern und Verwaltungen. Denn unsere Schule wird ja keineswegs einfach von bösartigen Finsterlingen «regiert» (auch wenn man gerade im Hinblick auf die Schulbehördenmitglieder, als «Volksvertreter», manchmal den Eindruck hat, das Schweizervolk bestehe nur aus Einfamilienhausbesitzern, die im weissen Hemd und Krawatte in der Gegend herumrennen). Da sind ja überall Menschen, die allerdings durch dasselbe Zahnrädchensystem geformt worden sind und sich darum schon allein deshalb eine völlig andere Schule schwer vorstellen können. Mit ihnen gilt es, die Auseinandersetzung zu suchen und zu führen.

Es geht also nicht nur um die «Generalisierung» unseres Schulversuchs. Es geht vor allem um die jeweils nächsten Schritte in Richtung auf mehr Offenheit, mehr Freiräume. Da

Anm. 2:
Diese Freiräume scheinen mir am spürbarsten in Mehrklassenschulen etwa des Berner Oberlandes vorhanden zu sein.

muss man oft sehr hart sein. Manchmal muss man darum kämpfen. Aber es ist nicht wahr, dass man einfach immer kämpfen muss. Schulreform wird nicht gemacht, indem man Erziehungsdirektoren erschiesst.

Natürlich kann die Auseinandersetzung hart sein. Man muss aber sehen: Da sind Menschen auf beiden Seiten, die ähnliche Erfahrungen gemacht haben. Erfahrungen mit der Zahnrädchenschleiferei. Sie haben vielleicht unterschiedlich stark darunter gelitten. Vor allem aber ziehen sie unterschiedliche Schlüsse aus diesen Erfahrungen. Die einen möchten in Richtung Offenheit einen Schritt tun, die anderen ziehen sich auf Sicheres zurück. So empfinden eben beide den jeweils anderen als Bedrohung, und das lässt die Fronten verhärten. Zudem befinden sich die, die sich jeweils absichern, meist in der Mehrzahl und in gewissen «Machtpositionen».

Ich hatte vor ein paar Jahren ein ziemlich hartes und sehr offenes Gespräch mit einem Schulpräsidenten. Ich fragte ihn: «Lassen Sie sich eigentlich in ihrem Beruf auch so unqualifiziert dreinreden, wie Sie glauben, dass ich mir das von Ihnen gefallen lassen muss?» Darauf sagte er: «Das kann ich Ihnen ganz genau sagen. Wenn ich in meinem Beruf solche Freiheiten mir herausnähme, wie Sie das tun, hätte man mich schon längst entlassen. Also . . .»

Aber die Gleichung «auf der einen Seite sind wir, die Fortschrittlichen, auf der anderen die Etablierten, die hoffnungslos Verknorzten» ist viel zu einfach. Immer mehr habe ich den Eindruck, dass die wirklichen Grenzen ziemlich genau senkrecht zu den allgemein vermuteten verlaufen: zwischen lebendigen, nicht festgefahrenen Leuten einerseits und den Zahnrädchenschleifern anderseits. Und lebendige Menschen habe ich sogar in der viel geschmähten Erziehungsdirektion des Kantons Zürich angetroffen.

Genausowenig ist einfach jeder Primarlehrer ein Zahnrädchenschleifer. Ich sehe viele Kollegen, die irgendwo auf einer Schulstufe versuchen, sich für Freiräume einzusetzen. Die versuchen, ihren Schülern etwas mehr Freude, Freiheit, Wärme zu ermöglichen und dafür sehr viel an Energie, an Zähigkeit, an Fleiss einsetzen. Ich sehe aber auch, dass diese in der Regel Schwierigkeiten haben. Dass sie abgestempelt werden als «schlechte Lehrer», die ihre Kinder nicht «in den Fingern haben» usw. Es ist wichtig, dass diese Leute gestützt werden. Von Eltern, die das sehen, von Kollegen, von Schulbehördenmitgliedern. Dabei ist es nicht einmal so wichtig, ob die Betreffenden die Probleme gleich anpacken würden. Das Gemeinsame müsste sein: Hier versucht einer, etwas zu tun in Richtung Offenheit, Freiheit.

Zahnrad — nein danke!

Das geht aber weit über die Schule hinaus. Auf vielen Gebieten sind Gruppen von Menschen in ganz ähnliche Probleme verwickelt, werden ganz ähnliche Auseinandersetzungen geführt. Und immer geht es in Richtung Offenheit, auf Freiräume hin. Weg vom Lego-Dasein, vorwärts ins nachindustrielle Zeitalter, Zahnrad — nein danke!

Da engagieren sich Frauen in der Frauenbewegung, da setzen sich Leute für alte Menschen ein, da gibt es solche, die wenden sich gegen eine weitere Zerstörung unserer Umwelt durch Atomreaktoren, hirnlose Bauten, Gifte. Ich will die Aufzählung hier abbrechen, sie wird ohnehin unvollständig.

Früher pflegte ich überlegen-milde zu lächeln über Leute, die ohne Gift aber dafür mit viel Eifer gärtnern. Heute spreche ich mit ihnen und höre ihnen zu. Nicht dass ich mich übermässig dafür interessieren würde. Aber mir ist aufgefallen, dass sie einen andern Zipfel desselben Tuches in den Händen haben. Nur dass sie von Engerlingen reden, und ich von Schulpflegern.

Es ist wichtig, dass alle, die versuchen, auf irgendeine Weise, auf einem bestimmten Gebiet vom Zahnrädchenbetrieb loszukommen, sich als eine Bewegung begreifen. Eine Bewegung, die Freiräume zu erhalten und Neues zu schaffen sucht, in einer Welt, die zunehmend perfektionierter, «industrieller» wird. Eine Bewegung, die immer stärker wird.

Zu dieser Bewegung gehören Gruppen, die sich für Schwache wehren, aber auch Nüssleinkäuer und Guru-Freaks genauso wie ganz «bürgerliche Leute», die sich für eine Wohnstrasse einsetzen oder auf andere Weise Freiräume für ihre Kinder zu schaffen versuchen.

Herbert Marcuse hat von einer «Revolte der Lebenstriebe»[3] gesprochen. Es geht tatsächlich darum, dass alle zusammenzuarbeiten beginnen, die gemerkt haben: «Wenn wir jetzt nicht etwas tun, geht unsere Welt kaputt und wir auf irgendeine geeignete Weise auch.» Und es geht tatsächlich darum, ob diese Bewegung stark genug wird, bevor die Zahnrädchenschleifer unsere Welt endgültig kaputtgemacht haben.

Anm. 3:
Die Angst des Prometheus. 25 Thesen zu Technik und Gesellschaft zu den Frankfurter Römergesprächen (Mai 1979), Neues Forum 1979.

Viele haben Angst vor dieser Bewegung oder lächeln darüber. Sie sehen nur «Auswüchse», und das gibt es ja weiss Gott. Man muss aber sehen, dass es viele Menschen gibt, bei denen der Leidensdruck sehr, sehr gross ist. Da ist es verständlich, wenn sie übers Ziel hinaus schiessen.

Für Freiräume einstehen ist immer auch eine politische Angelegenheit. Es geht um die Frage: «Wie richten wir unsere Welt für möglichst viele Menschen möglichst wohnlich ein?» Ein sehr wichtiger Teil der Antwort darauf wird in der Politik formuliert.

Wenn man allerdings die Parteiprogramme der politischen Parteien durchliest, wird man feststellen, dass alle sich für dieses edle Ziel einsetzen. In der Praxis sieht das dann oft etwas anders aus. Ich füge deshalb im Anhang eine Zusammenstellung der wichtigsten Volksinitiativen bei, die in den letzten vier Jahren in der Schweiz zur Abstimmung gelangten. Mit angegeben ist, welche Parteien die betreffende Vorlage unterstützten, welche sie ablehnten. Man muss beim Durchlesen allerdings vor Augen behalten, dass bei der Stellungnahme für oder gegen eine Initiative der Riss oft quer durch die Parteien gegangen ist, und dass man deshalb vielen unrecht tun kann, wenn man von ihrer Parteizugehörigkeit auf ihre Stellungnahme in konkreten Problemen schliesst. Wie man ja sofort vielen Menschen unrecht tut, wenn man von Gruppen auf Einzelne zurückschliesst.

Es ist wichtig, dass beides auf seine Rechnung kommt: der konkrete Einsatz auf einem bestimmten Gebiet und die Solidarität mit der breiten Bewegung. Einsatz ohne diese Solidarität wird zur Werkelei, zum Pflästerlein-Kleben. Proklamierte Solidarität ohne konkreten Einsatz aber ergibt höchstens einen sinnlosen «Kanzel-Effekt», eine reine Ausruferei ohne Hintergrund.

Freiräume füllen

Allerdings ist es nicht damit getan, Freiräume zu schaffen, so «arbeitsintensiv» das an sich schon ist. Es geht eben auch darum, diese Freiräume zu füllen, weil sie sonst wieder verschwinden. In den Jahren der «antiautoritären Bewegung» gab es viele Lehrer, die an ihrer Schule in diesem Sinne arbeiten wollten. Was sie anstrebten, war eine möglichst grosse Freiheit von Zwängen. Sie versuchten möglichst keinen Druck auf die Schüler auszuüben, und vielen gelang es tatsächlich, in ihrer Schulstube Freiräume zu schaffen, die dort vorher nicht vorhanden gewesen waren. In den meisten Fällen geschah nun etwas Unerwartetes. Ein Chaos brach aus, das einerseits Eltern und Schulbehörden auf den Plan rief, anderseits aber den betreffenden Lehrer verunsicherte und zugleich zutiefst unbefriedigt liess. Solchermassen selber im Eck, vermochte er seine Freiräume nicht mit der nötigen Überzeugungskraft zu verteidigen. Er gab dem Druck von aussen nach, brach die ganze Übung plötzlich oder nach und nach ab oder musste sich von aussen her alles mögliche vorschreiben lassen, was die eben erst errungenen Freiräume wieder zerstörte.

Diese Lehrer wussten vor allem, was sie *nicht* wollten. Was sie aber anstelle dessen setzen wollten, war ihnen weniger klar. Eines ist aber so wichtig wie das andere, sonst geht beides hin.

Dazu kommt noch: Die Schüler dieser Lehrer waren ja in einer bestimmten Weise vorgeprägt (die Lehrer auch). Diese vorherige Prägung erwies sich deshalb als wirksam bis in die frisch errungenen Freiräume hinein. Es ist eben nicht damit getan, den Schülern keine Strafaufgaben, keine Hausaufgaben zu geben, sich duzen zu lassen oder Klassenratssitzungen zu veranstalten. Davon weiss jeder ein Liedlein zu singen, der je das Vergnügen hatte, an einer gut funktionierenden Sekundarschule Randstundenunterricht wie Religion oder Turnen zu erteilen.

Es geht eben nicht nur um die Freiräume. Es geht immer auch darum, ein bisschen Zahnrädchenschleiferei rückgängig zu machen. Bei uns selber und bei den Menschen, mit denen wir zu tun haben. Wenn das ein Stück weit gelingt, ist ein Anfang zum Füllen der Freiräume getan. Dazu möchte ich in den nächsten Abschnitten auf ein paar Punkte hinweisen. Auf ein paar schrecklich einfache Punkte, die aber trotz ihrer Einfachheit nicht allzu häufig beachtet werden. Sie hängen zusammen mit dem, was ich im Kapitel über die «Technik des Zahnrädchenschleifens» angeführt habe.

Sich selber als Werdenden begreifen

Ich kenne Menschen, die zwanzig Jahre alt und total vergreist sind. Sie haben feste Meinungen und Ansichten, wissen über alles Bescheid. Sie sind Muster an Selbstbeherrschung. Sie sind derart «fertig», dass man das Gefühl hat, da sei überhaupt keine Entwicklung mehr möglich. Auf der andern Seite kenne ich alte Leute, von denen ich bei jedem Besuch das Gefühl habe: «Der hat sich weiterentwickelt.» Sie interessieren sich für alles mögliche, diskutieren mit Leuten, sind offen für Neues.

Ich habe in Wien einen 78jährigen Freund. Der geht noch heute jeden Tag ins benachbarte Kaffeehaus und lässt sich die Zeitungen vom Vortag schenken. Zu Hause wird alles Wichtige ausgeschnitten und archiviert. Sein Archiv hat er als Student anzulegen begonnen. Dreimal ist es ihm verbrannt. Aber immer wieder hat er damit angefangen. In diesem Archiv liegen nicht nur Artikel, die seine Meinung stützen. Es hat auch solche, die einen genau entgegengesetzten Standpunkt vertreten.

Wenn es stimmt, dass man nicht eines Tages «über dem Strich» und erwachsen ist, ist es sehr wichtig, dass man sich selbst auch als ein Werdender begreift und erlebt. Als einer, der einmal eingenommene Standpunkte nicht als der Weisheit letzten Schluss ansieht.

Das klingt etwas kopflastig, hat aber konkrete Auswirkungen: Sind wir imstande, andern einfach zuzuhören? Solchen, die vielleicht ganz andere Erfahrungen gemacht haben und deshalb ganz andere Standpunkte vertreten? Sind wir imstande, abweichende Meinungen, abweichende Lebensformen und -haltungen gelten zu lassen? Das Gespräch, die Auseinandersetzung mit Leuten zu führen, die einiges jünger sind, ohne dass wir immer gleich unsere «Reife» ins Spiel bringen? Und dies alles nicht verkrampft, als Vollkommenheitsübung, sondern ganz gewöhnlich, einfach so?

Wenn ich das so hinschreibe, bekommt es einen ziemlich ekelhaften Aufforderungscharakter: «Sei so, sei besser.» Ich meine das aber viel gewöhnlicher. Jeder Mensch entwickelt sich sein ganzes Leben lang. Es ist aber wichtig, dass er das auch spürt. Und dass er daraus ein paar Konsequenzen zu ziehen versucht, die andere auch zu spüren bekommen. Man hat ja selber auch mehr davon, von den Beziehungen zu anderen, von den Erfahrungen anderer.

Zur eigenen Unvollkommenheit stehen

«Kein Mensch ist vollkommen.» Auch einer der Sätze, bei denen jedermann nickt. Aber viele tun so, als wären sie es. Warum eigentlich?

Weil sie auch der «Ideologie der Konfliktlosigkeit», in der man sie erzogen hat, auf den Leim gekrochen sind. Weil sie vor der Umwelt, aber nicht zuletzt auch vor sich selber, ein möglichst abgerundetes Bild von sich präsentieren müssen, eines ohne Kanten, ohne Widersprüche, ohne Abweichungen. Abweichungen werden ja bei sich selber am allerwenigsten geduldet. Abweichungen in jeder Form.

Ich kenne eine Gruppe Jugendlicher, von denen jeder für sich allein ein reizender, ganz gewöhnlicher, liebenswerter Mensch ist. Aber sobald sie beisammen sind, spielen sie voreinander und vor sich selber Theater. Jeder will älter, cooler, überlegener, mutiger sein. Sie stellen Dinge an, die sie alleine nie tun würden. Jeder hat ein Auto, jeder hat im Auto eine hirnrissige Stereoanlage, jeder hat zusätzlich zu Hause eine Stereoanlage, die so ziemlich alles in den Schatten stellt, was andere Leute sonst in ihrer Stube haben, jeder hatte bis vor kurzem ein Motorrad, jeder fährt mit seinem Auto wie ein Halbwilder in der Gegend herum, jeder ist in seinen Beziehungen äusserst nachlässig usw. Das Resultat: Glücklich ist keiner, aber dafür hat jetzt fast jeder ein paar tausend Franken Schulden. Aber lächeln wir nicht über diese Jungen.

Im Gespräch etwa mit älteren Lehrern oder Pfarrern kann man spüren, wie das ewige Vorbild-Sein-Müssen die Leute anstrengt. Wie das ewige Theaterspielen vor sich selbst und vor der Welt die Leute verschleisst. Es ist ein ganz ähnlicher Krampf wie bei Homosexuellen, die ihre Neigungen vor der Welt geheimhalten müssen.

Das wirkt sich auf die Kinder aus. Ich habe viele erlebt, die das Opfer der «Vollkommenheit» ihrer Eltern geworden sind. Die gar nicht den Mut aufbrachten, neben derart «starken Persönlichkeiten» eigene Menschen zu werden – oder die dazu einen so gewaltigen Anlauf nehmen mussten, dass sie entweder ihre Eltern an perfektionierter Theaterspielerei übertrafen oder total ausflippten.

Auf der andern Seite habe ich Eltern, Lehrer, Pfarrer usw. kennengelernt, die viel lockerer sind. Die einfach so sind, wie sie nun einmal sind, gewöhnlich halt. Sie werden von den Vorbild-Voyeuren vielleicht belächelt, sie werden sicher weniger bewundert, von andern aber umso mehr geliebt. Und ich kenne Kinder, die in einer solchen Atmosphäre eben Platz, Freiraum finden, um aufzuwachsen, um selber ein Mensch werden zu können.

Fast immer, wenn ich neue Schüler bekomme, staunen sie: «So einen dummen Lehrer hatten wir noch nie. Der sagt immer, er wisse es nicht.» Ich bin in durchaus durchschnittlichem Masse belesen, und es ist ganz einfach logisch, dass ich vieles nicht weiss. Aber den Kindern fällt das auf. Das bringt mich jeweils auf den Gedanken: Wenn die nicht einfach bei wahren Fässern an Weisheit und Erkenntnis zur Schule gegangen sind, muss denen unheimlich viel Mist erzählt worden sein. Da müssen sie riesige Mengen an Halbwissen aufgenommen haben – und dazu das Gefühl: «Die Erwachsenen wissen so viel, und ich weiss so wenig.» Was sicher beides ebenso falsch wie schädlich ist.

Sich selber einfach einmal annehmen, so wie man ist, in seiner ganzen Unvollkommenheit und Unwissenheit, in seiner ganzen Vorläufigkeit, das ist sicher etwas vom Allerwichtigsten; denn nur wer sich selber leben lässt, vermag auch andere leben zu lassen. Und das ist eine der Grundvoraussetzungen, wenn man nicht einfach Zahnrädchenschleiferei betreiben will.

Die meisten Menschen sind eigentlich in einen lebenslangen Kampf gegen sich selber verwickelt. Einen Kampf nach innen, gegen die eigene «Unvollkommenheit» und einen Kampf nach aussen, um diese Unvollkommenheit möglichst zu vertuschen. Nur schon ein Waffenstillstand wäre da hilfreich.

Sich selber als unvollkommen anzunehmen, das erleichtert auch, jemand anderen in seiner Eigenart gelten zu lassen. «Ein Kind lieben heisst, es so sehen, wie Gott es gemeint hat», heisst ein alter Spruch. Der Spruch stimmt, auch wenn das mit Gott natürlich Ansichtssache ist. Aber: Wie ist dieser jeweilige Mensch (nicht nur das Kind) eigentlich gemeint? Wie wäre seine Eigenart – durch den ganzen Schleifstaub hindurch, der sich von der Zahnrädchenschleiferei her angesammelt hat?

Zusammenhalten

Wenn ich hin und wieder davon berichte, was ich so bei meiner Arbeit erlebe oder erlebt habe mit Schülern, die in der «Bubeliphase» waren, mit Eltern, die das nicht begreifen wollten, mit Schulbehördenmitgliedern, die ihrerseits Druck auszuüben begannen, kann es vorkommen, dass ich wie ein kleines Wunder bestaunt werde. Oder wie der Held in einem schlechten Wildwestfilm, der mit dem Rücken zu einem brennenden Stall steht, mit der einen Hand seinen toten Kollegen, mit der andern Hand sein lahmes Pferd stützt und mit der dritten Hand noch zwanzig Gegner in Schach hält. Aber ein Held bin ich weiss Gott nicht. Ich bin manchmal müde, abgespannt, verzweifelt, sehe nicht mehr über den Berg, habe Angst um bestimmte junge Menschen und ihre Entwicklung oder hin und wieder auch um mich selber. Nein, besonders stark bin ich nicht. Aber ich bin nicht allein.

Ich habe Freunde. Ein paar, ganz verschiedenen Alters und beiderlei Geschlechts, die ich mir im Laufe meines bisherigen Lebens zusammengesucht habe, und zu denen ich Sorge tragen möchte. Ich erlebe oft, wie gut es tun kann, mit ihnen über Schwierigkeiten, über Ängste, über Probleme zu sprechen. Ich bin froh um ihr Mitdenken, ihr Mitfühlen oder ihr Mitmachen in ganz bestimmten Dingen. Und auch die jungen Menschen, die mit mir zu tun haben, kennen einige von ihnen, spüren ihre Zuneigung, ihre Anerkennung, und es ist wichtig für sie.

Wenn eine traurige Folge der Zahnrädchenschleiferei die ist, dass die Leute vereinsamen, nicht zusammenhalten, so gilt umgekehrt auch: All die Dinge, die mit Rückgängigmachen der Zahnrädchenschleiferei zu tun haben, brauchen eine Gruppe von Menschen. Ein paar (zwei gehen auch), die sich gegenseitig stützen, die voreinander nicht dauernd Theater spielen müssen, die sich in ihrer Unvollkommenheit gelten lassen. Es ist genau wie bei meinen Schülern: Ich kann mich selber annehmen, wenn ich spüre, dass ich von andern angenommen werde.

Es gibt Familien, die wirklich zusammenhalten, es gibt Gruppen von Freunden, Arbeitskreise, sogar Lehrerzimmer (soll aber eher selten vorkommen), politische Gruppen, es gibt da unendlich viele Möglichkeiten.

Wichtig scheint mir, dass dieses Zusammenhalten auch über verschiedene Generationen hinweg funktioniert. Wenn es wahr ist, dass der Mensch sich zeit seines Lebens weiterentwickelt, dann ist auch die «Altersstufe» gar nicht mehr so wichtig. Aber: Menschen jeden Alters müssen viel ernster genommen werden, wenn sie jüngere und ältere Verbündete haben. Man kann so das Anliegen, das sie vertreten, nicht einfach als typisches Problem der Pubertät, der Mittelalters-Krise usw. abtun.

Von der Angst reden

Ich versuche, ein Gefühl zu beschreiben. Ein Gefühl, das tief und fest sitzt, das sich verwurzelt hat in der Seele und im Körper. Das schreckliche Gefühl der Angst. Angst, die Unsicherheit verursacht. Oder Unsicherheit, die Angst macht. Der Kopf sagt: Du hast doch keine Angst, aber der Körper fühlt die Angst. Dann fragst du dich, woher die Angst kommt und die Unsicherheit. Oder besser gesagt: Woher solltest du das Sichersein gelernt haben? Wie oft hast du die Angst deiner El-

tern gespürt und die Unsicherheit? Auf einmal merkt man, weshalb man dem Leben nicht traut und bei jeder Gelegenheit fähig ist zu einem Rückzug. Dann gibt es noch solche, die von Selbstvertrauen sprechen. Wie soll man Selbstvertrauen finden, wenn man das Leben hassen gelernt hat und nur Angst und Unsicherheit kennt? Und gerade das Selbstvertrauen ist etwas, das man spüren muss. Bis jetzt habe ich nur Selbstangst gespürt. Etwas unvorstellbar Hässliches und – Menschliches.

So schrieb mir ein ehemaliger Schüler. Er war gerade dabei, zu lernen, wie befreiend es sein kann, nicht immer stark, nicht immer vollkommen, nicht immer angstfrei sein zu müssen, mit andern Menschen darüber reden zu können.

Wenn ich das Wort «Angst» höre, steigt mir immer eine Erinnerung auf: Eines Nachts wurde ich aus dem Schlaf geweckt. Draussen stand ein etwa 20jähriger Fixer, der gerade grosse Schwierigkeiten hatte. Er wollte zwar von seiner Sucht loskommen, unternahm aber nur ganz schwache Anstrengungen. Vor allem hatte ich das Gefühl, er sei sich selber vollkommen gleichgültig, und deshalb hatte ich grosse Angst um seine Zukunft. Er kam herein, ziemlich verladen. Wir plauderten etwas miteinander. Plötzlich brach es aus ihm heraus: «Ich habe Angst. Wenn das so weitergeht, bin ich in einem halben Jahr tot.» Ich sagte ihm, dass ich auch grosse Angst um ihn hätte. Ich habe noch nie einen Menschen derart weinen sehen. Volle zweieinhalb Stunden lang weinte er auf dem Sofa, und das Weinen schüttelte seinen ganzen Körper. So sehr ich Mitleid mit ihm hatte, wurde ich doch irgendwie ganz zuversichtlich: «Der ist sich ja gar nicht so gleichgültig. Irgendwo mag sich der trotzdem leiden.» Ich unternahm keine Versuche, ihn zu trösten. Ich sagte ihm: «Weine ruhig. Aber spürst du, dass du es schade um dich findest?» Später zeigte sich, dass es für ihn sehr wichtig war, das gespürt zu haben.

Wir redeten noch lange in jener Nacht. Vor allem redete er. Von seiner Angst, kaputt zu gehen. Aber auch von seiner Angst vor einem «normalen» Leben. Und wir spürten beide, was Mani Matter gemeint haben mag, als er schrieb: «Mänge, we's Läbe ihm wehtuet, bsinnt sich derdür wieder dra.»

Wahrscheinlich ist es wahr, dass Angst einfach zum Menschsein gehört. Aber ebenso gehört es zum Menschsein, darüber reden zu können. Allein wird man mit der Angst nicht fertig.

Über Zärtlichkeit

Sehr viele Menschen, die meisten vielleicht, sind zuwenig gestreichelt worden. Das kann man jederzeit nachholen.

Man kann einen Menschen einfach streicheln. Man kann ihn auch streicheln, indem man ihm zuhört, indem man mit ihm spricht (mit ihm, nicht zu ihm), indem man ihn spüren lässt, dass man ihn annimmt, indem man . . . Diese Reihe lässt sich beliebig fortsetzen. Nur ist eine Fortsetzung der Reihe allein auf dem Papier ziemlich sinnlos.

Ich habe, um ein absichtlich etwas weit hergeholtes Beispiel zu nehmen, schon in Theateraufführungen gesessen und habe mich gestreichelt gefühlt. Ich spürte: Da haben ein paar ihre ganze Wachheit, ihre ganze Intelligenz, ihre ganze Fantasie, ihr Einfühlungsvermögen, ihre Arbeit und ihre Zeit in diese Aufführung gesteckt. Das spürt man, und man spürt auch den Unterschied zu lustlos heruntergeleiertem Bildungstheater. Ich möchte, dass meine Schüler etwas Ähnliches spüren, wenn sie in die Schule kommen.

Viele Menschen haben ein ziemlich gebrochenes Verhältnis zur Zärtlichkeit. Ich meine jetzt nicht einmal die – natürlich auch spürbare – Hemmung vor dem Streicheln oder Gestreicheltwerden. Aber viele Menschen haben eine merkwürdige Angst, zuviel Zärtlichkeit geben zu müssen und zuwenig empfangen zu können, also ein gefühlsmässiges Verlustgeschäft einzugehen. Also bleiben sie lieber bei sich. Was man hat, das hat man. Das ist ein schönes Beispiel dafür, wie eine «materialistische» (kapitalistische) Logik die Beziehungen versaut. Gefühle richten sich eigentlich nicht nach irgendwelchen marktwirtschaftlichen Gesetzen. Auf jeden Fall habe ich dort, wo ich mich am meisten eingesetzt, am meisten von mir selbst gegeben habe, auch die besten Freunde gefunden.

Seelische Lebendigkeit

Es ist wichtig, dass es gelingt, Freiräume zu schaffen oder zu erhalten. Es ist ebenso wichtig, dass es gelingt, diese gemeinsam wohnlich zu gestalten, so, dass niemand Theater zu spielen braucht, dass Zärtlichkeit möglich ist, dass man sich und die andern leben lassen kann. Das ist schwer, aber es ist in kleinen Gruppen, in Familien, in Zweierbeziehungen, in Schulklassen, in Freundeskreisen usw. doch manchmal leichter, als man zunächst glaubt. Wenn es aber gelingt, dann wird es möglich, dass Kinder ihre seelische Lebendigkeit weitgehend bewahren, und dass Erwachsene ihre seelische Lebendigkeit zu einem grossen Teil wieder erlangen können.

Mir ist bei meinen Schülern immer aufgefallen: Sie werden mit der Zeit lebendiger, ihr Leben wird intensiver. Es gibt mehr Dinge, für die sie sich interessieren, an denen sie sich freuen können, sie können auch mehr im Augenblick leben und diesen Augenblick wirklich geniessen. Beobachter, die sie nicht so oft sehen wie ich, haben mich darauf aufmerksam gemacht, dass sie hübscher werden, feiner im Gesicht, die Augen leuchtender. Aber sie werden auch trauriger, es kommt wieder vor, dass sie weinen. Es tut ihnen auch rein körperlich eher etwas weh. Da ist es besonders wichtig, dass sie in ihren traurigen Augenblicken nicht allein sind. Aber sie werden in ihren fröhlichen Momenten auch unternehmungslustiger, und sie spüren mehr Möglichkeiten in sich.

So war das zum Beispiel bei Franz. Der hatte nämlich geglaubt, dass er höchstens dazu tauge, irgendwo als Hilfsarbeiter auf einer Baustelle Kies zu schaufeln. Wenn man ihm damals gesagt hätte, dass er Töpfer, und zwar nach dem Urteil vieler Leute ein hervorragender Töpfer, werde, hätte er nur ungläubig den Kopf geschüttelt. Er hatte ja auch überhaupt keine Beziehung zu der ganzen Töpferei. Erst als er seelisch lebendiger wurde, sich selbst mehr zutraute, sich selbst mehr spürte, spürte er auch in sich, zunächst sehr schwach, Fähigkeiten und Neigungen, von denen er vorher nichts gewusst hatte. Auf denen er aber immerhin jetzt sein Leben aufbaut.

Man könnte das Leben mit einer Symphonie vergleichen. Die meisten Menschen spielen ihre «Lebens-Symphonie» auf einem qualitativ eher minderwertigen Kassettengerät ab. Wenn ihre seelische Lebendigkeit wieder zum Spielen kommt, ist das so, als ob sie diese Symphonie jetzt im Konzertsaal erleben würden. Man wird mehr Feinheiten hören und Bratschen- oder Flötenpassagen bemerken, die man vorher gar nicht wahrgenommen hat.

Lebensfantasie

Eine der Bratschenstimmen halte ich für besonders wichtig. Ich nenne sie Lebensfantasie, die Fähigkeit, zu erspüren, was man mit einer bestimmten Situation oder mit seinem Leben anfangen kann.

Ein paar Beispiele, was ehemalige Schüler jetzt mit ihrem Leben anfangen, habe ich bereits gebracht. Es gibt aber unzählige weitere, auf vielen Gebieten.

Ich habe eine verwitwete Ärztin im AHV-Alter kennengelernt. Sie könnte ja durchaus jetzt die Photographie ihres verstorbenen Mannes zusammen mit einem gehäkelten Deckelein auf das Stubenbuffet stellen, darum herum einen kleinen Hausaltar bauen und neben diesem Hausaltar in Schönheit dahinaltern. Sie entschliesst sich aber für etwas ganz anderes. Sie gründet eine Wohngemeinschaft, mit einem ehemaligen Strafgefangenen, einem jetzt halbseitig gelähmten ehemaligen Kriminalbeamten und einer schizophrenen Frau.

Da ist René. Er kommt aus einem Sonderschulheim und macht jetzt eine Töpferlehre im Berner Oberland. Die Leute im Heim sind sehr skeptisch: «Wird er in der Gewerbeschule mitkommen?» Sie bezweifeln das nachdrücklich, auch René gegenüber. Tatsächlich ist der Start in der Schule sehr schlecht. René hat Angst, er zittert am ganzen Leibe, wenn er in die Schule muss. Dementsprechend kann er auch das nicht, was er eigentlich leisten könnte. Sein Lehrmeister, seine Lehrer, die Leute vom Heim beginnen davon zu reden, dass er wohl besser eine Anlehre machen würde. René ist verzweifelt. Er möchte unbedingt die Lehre durchstehen. Nur schon, um den anderen und sich selber zu zeigen, dass er dazu fähig ist. Was soll er tun?

Wir sprechen zusammen darüber. Wir sehen, dass dieses Entweder-Oder eigentlich gar keines ist. Da gibt es noch andere Möglichkeiten. Wir stellen diese zusammen. Im ganzen kommen wir auf fünf verschiedene Wege, wie er sein Berufsziel erreichen kann. Diese stellen wir zu einem «René-Plan» zusammen. Er nimmt den strahlend mit nach Hause.

Nur schon das Bewusstsein «es gibt nicht nur dieses Entweder-Oder» lockert ihn. Er wird zusehends weniger ängstlich. Im selben Masse werden auch seine Leistungen in der Schule etwas besser. Vorläufig noch nicht viel, aber immerhin. Der Lehrmeister und die Gewerbeschullehrer beginnen René zu unterstützen, ihm Mut zu machen: «Du bist besser geworden, ich glaube, du schaffst es.» Von einer Anlehre ist nicht mehr die Rede. Vielleicht werden die anderen Möglichkeiten auf dem René-Plan gar nicht gebraucht werden.

Was ist all diesen Beispielen gemeinsam? Da sind Menschen unversehens in eine Entweder-Oder-Situation gestellt. Das Entweder wie auch das Oder ist für sie unangenehm. Nun ist es aber ein guter Grundsatz, solche Entweder-Oders nicht einfach zu akzeptieren, sondern nach weiteren Möglichkeiten zu suchen. Das fällt einem oft leichter, wenn man es gemeinsam mit andern Menschen tut. Je lebendiger die Lebensfantasie der Beteiligten ist, desto leichter wird es ihnen fallen. Diese Lebensfantasie ist den meisten Menschen im Verlaufe ihrer Erziehung und ihrer weiteren Lebensgeschichte gründlich abhanden gekommen. Aber sie wächst mit der seelischen Lebendigkeit. Und vor allem – auch das zeigen die Beispiele – vermag sie neue Freiräume zu schaffen.

Nicht, dass so einfach alles leichter würde. Ich könnte beispielsweise einfach das beschauliche Dasein eines Stadtschulmeisters führen. Ich habe mich zu einem andern Weg entschlossen. Das hat mir sicher bis jetzt ungleich mehr Schwierigkeiten eingebracht. Anderseits kann ich in einer Freiheit leben, die ich vorher nicht für möglich gehalten habe. Ich kenne Menschen, die in einem ganzen Leben nicht soviel erleben wie ich in einem Jahr.

Anhang: An Parolen sind die Parteiprofile erkennbar

Nachträgliche Zwischenbemerkung für den bundesdeutschen Leser:

Lieber Leser, das Buch hier wurde eigentlich für die Menschen geschrieben, mit denen ich täglich zu tun habe. Man spürt vermutlich beim Lesen, dass es für schweizerische Verhältnisse gedacht ist – für Verhältnisse allerdings, die von den Ihren nicht allzu verschieden sein dürften. Für die vorliegende Deutschland-Ausgabe verzichteten wir bewusst auf eine «Germanisierung», weil wir diese ohne weiteres dem Leser zutrauen.

Nur für den Anhang dürfte eine Bemerkung notwendig sein: Die politischen Parteien in der Schweiz sind nicht einfach identisch mit denen in Deutschland, auch wenn sie dieselben oder ähnliche Namen tragen. Aber das Grundproblem ist auch hier dasselbe: dass Parteien vor den Wahlen alles mögliche versprechen und dann nur bedingt einhalten. Und dass es sich deshalb lohnt, ihnen in Einzelfragen auf die Finger zu sehen.

Jürg Jegge

Aus dem Tages-Anzeiger vom 3. Oktober 1979:

Selbstverständlich wollen nicht alle politischen Parteien, die sich nun im Hinblick auf die eidgenössischen Wahlen dem Wähler vorstellen, dasselbe. *Unterschiede* sind da. Nur: «Ideen, Köpfe, beherzte Taten», das kann eigentlich jede Partei propagieren, das passt für jeden. Oder: «Wir wollen menschliche Werte.» Wer will das nicht? Slogans und Propagandasprüche *verdecken* oft die durchaus vorhandenen Unterschiede.

Sechs Regierungsvorlagen, sechs Initiativen

Im folgenden soll ein anderer Raster helfen, die Profile der Parteien, die sich zur Wahl stellen, etwas zu verdeutlichen. In der nun bald beendeten Legislaturperiode 1975/79 fanden zahlreiche *eidgenössische Abstimmungen* statt. Wir haben *zwölf* der wichtigsten Abstimmungen ausgelesen und nachgeblättert, welche *Abstimmungsparolen* die Parteien herausgegeben haben. Von diesen zwölf betreffen sechs je eine Vorlage, die von Budesrat und Parlament erarbeitet und dann dem Volk unterbreitet wurde: *Regierungsvorlagen.* Die andern sechs sind *Initiativen,* die vom Volk an Bundesrat und Parlament herangetragen und nach ihrer Behandlung in Bern an den Urnen entschieden wurden.

Die sechs Regierungsvorlagen: *Radio- und Fernsehartikel* (Abstimmung im März 1976), *Finanzpaket I* (Juni 77), *Finanzpaket II* (September 79), die *9. AHV-Revision* (Februar 78), die Schaffung des *Kantons Jura* (September 78) und die Schaffung einer Bundessicherheitspolizei *Busipo* (Dezember 78). Fünf der sechs ausgewählten Initiativen kamen in der von den Initianten formulierten Form zur Abstimmung: Die *Mitbestimmungsinitiative* (März 76), die *Mieterschutzinitiative* (September 77), die Initiative für eine *Fristenlösung* beim Schwangerschaftsabbruch (September 77), die Initiative für *12 autofreie Sonntage* (Mai 78) und die *Atominitiative* (Februar 79). Eine Initiative wurde unformuliert eingegeben, vor das Volk kam dann ein vom Parlament erarbeiteter Kompromiss. Es handelt sich um die *Zivildienstinitiative* (Abstimmung im Dezember 77), welche einen zivilen Ersatzdienst für Dienstverweigerer aus religiösen und ethischen Gründen vorsah, nicht aber einen Ersatzdienst für Verweigerer mit politischen Gründen.

Mit der in Vorwahlzeiten allseits vorhandenen Vergröberung in der Darstellung von selbstverständlich viel komplizierteren und differenzierteren Tatbeständen kann nun gesagt werden: An ihrem Parolenverhalten zu diesen ausgewählten Abstimmungen *kann das politische Profil der Parteien noch erkannt werden.* Sie sind regierungsfreundlich (Ja zu Regierungsvorlagen), oppositionell (Nein zu Regierungsvorlagen), sie haben den Willen zur Veränderung (Ja zu Initiativen) oder haben ihn nicht (Nein zu Initiativen). Die meisten sind eine *Mischung* dieser Elemente, eine je verschiedenartige Mischung allerdings.

CVP : Am *regierungsfreundlichsten* zeigt sich die *CVP.* Sie sagte zu allen sechs Regierungsvorlagen ja und zu allen fünf Initiativen nein. Dem Zivildienstkompromiss stimmte sie zu.

SVP: Auch sehr regierungsfreundlich ist die *SVP.* Ja zu allen sechs Regierungsvorlagen (allerdings mit diversen Nein-Parolen von Kantonalparteien, vorab bei der 9. AHV-Revision), Nein-Parolen dann zu vier Initiativen, Stimmfreigabe zu einer (Fristenlösung), Nein zum Zivildienstkompromiss.

FDP: Bei der FDP ist schon ein wenig mehr *Opposition von rechts* her spürbar. Ja zu allen sechs Regierungsvorlagen, aber mit viel abweichenden Parolen von Kantonalparteien (vorab bei der 9. AHV-Revision und dem

Finanzpaket I), Nein zu vier Initiativen, Ja zu einer (Fristenlösung). Ja zum Zivildienstkompromiss.

Liberale: Noch mehr Opposition von rechts her präsentieren die Liberalen mit dem Ja zu fünf Regierungsvorlagen und einem Nein (9. AHV-Revision), sodann mit Nein zu vier Initiativen und einer Stimmfreigabe (Fristenlösung). Nein zum Zivildienstkompromiss.

EVP: Etwas vermischt begründet ist die Teilopposition der EVP: Ja zu fünf Regierungsvorlagen, Nein zu einer (Finanzpaket II), drei Initiativen abgelehnt, zwei gutgeheissen (Mitbestimmung, autofreie Sonntage), Ja zum Zivildienstkompromiss.

SP: Halb Regierungspartei, halb Opposition von links: drei Ja zu Regierungsvorlagen (Finanzpaket I, AHV-Revision, Jura), drei Nein (Radio/TV-Artikel, Finanzpaket II, Busipo). Sodann zeigt sich die SP sehr veränderungswillig: nur gerade eine Initiative mit Stimmfreigabe (autofreie Sonntage), sonst Ja-Parolen zu den Initiativen. Stimmfreigabe zum Zivildienstkompromiss.

NA: Auch die NA zeigt sich halbhalb, allerdings mit einer etwas vermischten Oppositionsmotivation. Ja zu drei Regierungsvorlagen (Radio/TV-Artikel, AHV-Revision, Busipo), Nein zu drei (Finanzpaket I und II, Jura). Ziemlich *veränderungswillig* mit nur einem Nein zu einer Initiative (Mitbestimmung), einer Stimmfreigabe (Fristenlösung) und drei Ja. Nein zum Zivildienstkompromiss.

Republikaner: Eigentliche *Neinsager von rechts,* Zustimmung nur zu zwei Regierungsvorlagen (Radio/TV-Artikel, Busipo), Nein zu den andern vier. Nein zu allen Initiativen und zum Zivildienstkompromiss.

LdU: Grundsätzlich oppositionell mit *viel Veränderungswillen* zeigt sich der Landesring: zwei Ja zu Regierungsvorlagen (AHV-Revision, Jura), sonst vier Nein. Dafür Ja zu allen Initiativen ausser Mieterschutz (hier Stimmfreigabe). Ja zum Zivildienstkompromiss.

PdA: Aus viel linkerer Position als der Landesring ein sehr ähnliches Resultat: Ja zu zwei Regierungsvorlagen (AHV-Revision, Jura), sonst vier Nein. Vier Initiativen gutgeheissen, eine abgelehnt (autofreie Sonntage). Stimmfreigabe zum Zivildienstkompromiss.

POCH: Die *eindeutigste Linksopposition* mit dem *eindeutigsten Veränderungswillen:* zwei Ja zu Regierungsvorlagen (AHV-Revision, Jura), sonst Ablehnung. Sodann Ja zu allen fünf Initiativen und Stimmfreigabe zum Zivildienstkompromiss. *Toni Lienhard*

Inhaltsverzeichnis

Der Rohstoff Mensch   13
Zum Beispiel Werni   26
Einige Anmerkungen zur Technik
des Zahnrädchenschleifens   31
Zum Beispiel Vreni   72
Ich will aber kein Zahnrad werden   89
Eine Schule ist doch keine Fabrik   111
Zum Beispiel der Filmclub Embrach   181
Freiheit ist lernbar   195
Anhang: An Parolen sind die Parteiprofile erkennbar   219

Seht von Zeit zu Zeit euer Rückgrat nach; sie biegen es gerne im stillen.

Fritz Herrmann

So. Eigentlich wäre mein Buch jetzt zu Ende. Wenn ich das Manuskript so durchlese, fällt mir auf: Es ist ein ganz gewöhnliches Buch geworden. Es stehen eigentlich nur ein paar ganz einfache Dinge drin.

Wenn jetzt einer das Gefühl hat: «Dieses Buch hätte ich auch schreiben können», bin ich froh. Wir haben alle mehr davon, wenn mehr Menschen gewöhnlich sind. Oder werden.